字辨百题

刘志基 鹏宇 著

上海咬文嚼字文化传播有限公司

上海文化出版社

出版说明

"咬文嚼字文库"是一套开放性的丛书。它以语言文字的研究和运用为主要内容，由上海咬文嚼字文化传播有限公司策划并组织出版。"慧眼书系"是其中的一个系列，在具体写法上，大致分为四个板块：

一是病例。一题一例或数例，它们来之于现实语文生活，又有差错的典型性。

二是诊断。就错论错，一语中的。明确指出错在哪里，错误性质，以及如何修改。

三是辨析。在要害处说道理，要让人知其然，还要知其所以然。

四是链接。由点到面，融会贯通，由此及彼，举一反三。

这套丛书力求体现出三个特点：

一是内容的针对性。不拍脑袋，不想当然，不玩概念，一切从语文生活的实际出发。

二是经验的实用性。要把话说到位，揭示语言中隐藏的规律，概括出一目了然的要点，让人看了能懂，懂了会用，而且记忆深刻。

三是解析的学理性。从一字一词入手，又不拘泥于一字一词，巧妙贯串文字学、词汇学、语法学的知识，以使全书具有整体感。

这套丛书特别适合三类读者阅读：

一是媒体从业人员。书中大量病例，也许会让他们有似曾相识的感觉。希望媒体人都能有一双善于咬文嚼字的慧眼。

二是中学教师。书中深入浅出的解说，可以成为中学语文教材的有益补充，直接应用于课堂教学。

三是高校文科学生。一册在手，轻松阅读，有利于完善自己的知识结构，更能训练出文字敏感。

这套丛书在阅读过程中，很可能出现三种情况：

一是如鱼得水，如遇知友，疑问迎刃而解，思路豁然开朗。这正是我们所期待的。

二是不时遇到障碍，感觉枯燥乏味。这时您千万要坚持一下。语言毕竟是门科学，离不开钻研二字，但只要闯过这道关，便会渐入佳境，悟到其中的妙处。

三是脑子中出现了问号，您不一定赞同书中的观点。这是读书的最高境界。我们愿意和您做进一步的讨论。

啰里啰唆，就此打住。让我们开始读吧。

目录

黯 | 暗

[病例] 城南新区的楼盘红旗飘飘、凯歌震天，而其他区域的楼盘却独自凋零、暗然失色。

【诊断】

"暗然"应为"黯然"。音同形似致误。

【辨析】

黯，音 àn，形声字，从黑，音声。《说文解字》："黯，深黑也。""黯"的本义是指深黑色，也泛指黑色，如晋朝有个人叫蔡黯，字墨，黯、墨都是黑的意思，名与字对应。"黯"引申为昏暗、无光泽，如《齐太祖高皇帝诔》："日月郁华，风云黯色。"其中"黯"就是昏暗的意思。今日"黯淡"一词，即表示昏黑、阴暗。"黯"也引申为人失色貌，表示感伤，如江淹《别赋》："黯然销魂者，唯别而已矣。"成语"黯然失色""黯然神伤"中的"黯"就是这意思。

暗，音同黯，形声字，从日，音声。《说文解字》："暗，日无光也。""暗"的本义是指光线不足，不明亮，所以从日。后引申为天黑、夜晚。如《晋书·职官志》"车驾逼暗乃还"、元稹诗"暗风吹雨入寒窗"。夜晚最适宜秘密策划，采取行动，所以"暗"又可以引申为隐秘，如暗害、暗杀。

"暗""黯"都可以表示昏暗无光泽的意思，这时可以相通，如"暗淡"也可以写作"黯淡"。不过在现代汉语规范中，"暗""黯"用法已有明确分工："暗"，多用以指比较具体的光线不足、昏暗类意义；而"黯"，多用于较抽象的意义，形容忧郁、伤感、沮丧的样子。在这种场合，

"暗""黯"不可混用。因此，"黯然失色"是不能写成"暗然失色"的。

链接：从"黑"得义的字

"黯然失色"之"黯"表示"忧郁""伤感""沮丧"之类意义，与其表义偏旁"黑"不无关系。"黑"的甲骨文作，是颜面被墨刑之人的正面形象。如此之"黑"作为表义偏旁，通常具有什么意义呢？且看几个从"黑"得义的字。

黜：表示"贬降，罢退"。成语"劝善黜恶"，表示奖勉劝励有善行的人，惩戒有恶行的人；"扶正黜邪"，谓扶助正道，除去邪恶。

"点"的繁体字"點"，从黑，占声，有"辱"义。《文选·司马迁〈报任少卿书〉》："适足以见笑而自点耳。"李善注："点，辱也。"

"黑"作为义符为什么能够表示"贬""辱"之类意义呢？另一个从"黑"得义的"黥"（qíng）字或许可以提供解答的线索。"黥"是古代一种刑法，也叫墨刑，即在脸面上刻字点黑。成语有"救黥医劓"，劓（yì），割鼻，成语指医治刺面之伤，补上割掉之鼻，义为恢复本来面目。

而墨刑又与古代的象刑（象征性的刑法）相联系。文献记载有"虞舜象刑，犯墨者皂巾"（《酉阳杂俎·黥》）的说法，就是用戴黑头巾的方式来表示刑罚。可见在中国传统的刑法及其观念中，黑色与辱罚就是相联系的。当然，遭遇辱罚不免影响心境。由此可见，用从"黑"得义之"黯"表示"忧郁""伤感""沮丧"之类意义，是很符合传统文化心理和造字思维的。

倍|备

[病例] 布兰妮受伤成"瘸子",新男友关怀倍至。

【诊断】

"关怀倍至"应为"关怀备至"。望文生义致误。

【辨析】

倍,音 bèi,形声字,从人,音(pǒu)声。《说文解字》:"倍,反也。""倍"的本义就是违背、背叛。至于为什么会用来表示数量的成倍增加,段玉裁解释道:"以反者覆也,覆之则有二面,故二之曰倍。"虽然这种说法有些牵强,但是还是有助于理解的,所以也就不妨备此一说。

备,音同倍,形声字,繁体写作"備",从人,葡声。"葡"字甲骨文写作 、金文写作 、,描摹箭放入箭匣的形象,为"箙(古代的一种盛矢器)"的象形字。把箭装入箭匣或箭袋,正是出猎或打仗的一种准备,所以"备"本可表示"预备""具备""武备"之类意思。引申开去,则又可以表示"齐备",即"一个不缺"。如成语"德才兼备",谓良好的思想品德和能力才干两者都具备;"求全责备",指对人对事要求完美无缺;"无所不备",是说没有什么不具备的。

"倍"和"备"字形字义都没有什么关系,可还是经常被人用错。如"关怀备至",是说对人关心得无微不至,如果用"倍"则讲不通,因为关怀这种行动是很难用数字来量化的。"备受赞赏"就是从各方面加以赞赏,"备受欺凌"就是各方面都受到欺凌,都不能用"倍"。知道了"备"字的这种用法，相信读者就不至于再错"备"为"倍"了吧，而新闻工作者在这些问题上也应该引起足够的重视，不要贻笑大方。

链接：说"倍"

在现代词汇中，"倍"常用来表示数量成倍地增加，但并不是只要出现"倍"就是百分之一百的增加。如"倍程"是指兼程，但并不一定是正好一天走两天的路；"倍功"指加倍用功，却无法用具体的数量来衡量。此时要是把"倍"理解成"更加"似乎更合适。如大家耳熟能详的诗句"每逢佳节倍思亲"。相同的还有："倍重"表示更加慎重的意思；"倍贪"表示格外的贪婪；"倍战"表示奋力战斗，而不同于"备战"。

原来是100，增加到200，可以说增加了一倍。至于减少，通常不用"倍"。如，原来是100，现在还剩50，我们可以说减少了一半，或者说还剩下1/2(二分之一)，而不说减少了一倍。不过在现实生活中，人们为了图方便，也常把减少说成"倍"，如报纸标题"税收护住万顷良田 全国耕地减少速度降低一倍"，虽然不影响理解，但是在正式的场合犯如此低级的错误，总让人觉得有些不妥。

毙|毖

[病例]市交通部门通过"枪打出头鸟",惩治违法"领头羊",教罚并举,既惩前毙后,又治病救人,营造了人人"知耻"的交通氛围,使不违规不越矩蔚然成风。

【诊断】

"惩前毙后"应为"惩前毖后"。音同形似致误。

【辨析】

毙,音 bì,形声字,从死,敝声。"毙"在先秦古书中写作"獘",后在流传中被改成"毙"。《说文解字》:"獘,从犬,敝声。""毙"的本义指仆倒,因病或受伤而倒下,如毙死(仆倒而死)、毙踣(倒毙)。《左传》:"郑人击简子中肩,毙于车中。"后引申为死,用于人时含贬义,如毙命、毙伤,也引申为败亡、失败,如成语"多行不义必自毙"。

毖,音同毙,形声字,从比,必声。《说文解字》:"毖,慎也。""毖"的本义即谨慎、小心,如毖慎、毖重、《诗经·小毖》:"予其惩而毖后患",后固定为成语"惩前毖后"。又《广韵》:"毖,告也。""毖"还有教导、告诫之义,如毖勅(告诫)、毖劳(告诫劝勉)。

由于"毙""毖"音同形似,所以经常有人把"惩前毖后"写成"惩前毙后",这大概是对这个成语中第三个字的意义不太了解的缘故。"惩前"是指对以前的错误进行批评惩罚,目的是为了"毖后",即以后要谨慎小心,不要再犯相同的错误。从字理上看，"毖"字从"比"得义。"比"有慎密义，《说文解字》："比，密也。"关于"毖"的这种造字理据，《尔雅》有进一步的解释："毖，慎也。凡重慎其事必慎密也。"所以"毖"义为慎，是很符合传统的语言思维逻辑的。而如果用了"毙"，意义就难以理解了："毙"字从"死"得义，人都死了，还怎么能"治病救人"呢？

链接："酷毙"与"多行不义必自毙"

"酷毙"，一个时髦的新名词，据说先在校园里流传，然后进入社会，为一定范围的公众所接受。"酷"是英语cool的音译，指"帅，时尚，有个性"。"酷毙"指"帅得要死""时髦得要死"。平常说，热死了，冷死了，想死了——这里的"死"并非真的死，真死了那就没戏了。"死"在这些地方意味着到了极端的程度。本该用"死"字时不说"死"，却说出一个不那么常用的"毙"字，这无疑会增加一层神秘感，一时令人不知是什么意思，进而有了那么些原创性的味道。

"酷毙"的流行，不免会加强"毙"字的死的意义，进而使其本义淡出人们的常识。比如"多行不义必自毙"，人们往往误解为"多干坏事必然会把自己置于死地"。其实这个成语出自《左传·隐公元年》，是郑庄公说他弟弟共叔段的话，郑庄公在《左传》中被描写成一个很有孝悌之心的人（至少表面上是这样），所以"多行不义必自毙"之"毙"不可能是用"死"义，而应该表示摔跟头、失败之类意义。

贬|砭

[病例]鲁迅的本章写得很好，针贬时弊，切中要害，把昏乱的时政、人性的劣根，淋漓尽致地展现在读者面前。

【诊断】

"针贬"应为"针砭"。音似形似致误。

【辨析】

贬，音 biǎn，会意字，从贝，从乏。《说文解字》："贬，损也。""乏贝"就是缺乏钱财的意思，所以"贬"的本义可能是指钱财的减少或损失。如《左传》："贬食省用。"后引申为降低，如贬值，也特指降职或降职外放，如贬黜、贬谪。现代"贬"多表示指出缺点、给予较低的评价，如贬低、贬义、贬责（指出过失，加以批评、责备）、贬抑（贬低并压制），也指价值的减少，如贬值、贬价。

砭，音 biān，形声字，从石，乏声。《说文解字》："砭，以石刺病也。""砭"的本义是指治病用的石针，后来以石针刺皮肉治病，以金属针治病，也叫"砭"。因为"砭"能治病救人，所以可以引申为救治，如韩愈的诗："又如心中疾，箴石非所砭。"也引申为刺人，如寒风砭骨。

"贬""砭"除音形相似之外，意义上并无联系。"针砭"指用石头针治病，比喻指出错误，劝人改正。有些人把"针砭时弊"写成"针贬时弊"，可能是把"针砭"误解为"针对、贬斥"的意思了。这样的闭门造车，看似有理，不过为了规范使用，还是不用为好，免得贻笑大方，被人"针砭"。

链接：关于砭石

砭石是我们祖先在新石器时代发明、使用的一种原始的医疗用具。古籍中有许多用石器治病的记载。《史记·扁鹊仓公列传》中记载了上古黄帝时代有名为俞跗(fū)的医生，并不是用汤药和药酒，而是用砭石刺割治疗。湖南长沙马王堆三号墓出土的一匹帛书中也有关于砭石治病的记述，其撰写年代早于《黄帝内经》。

新石器时代考古发现了很多小型石制的尖状实物，可以认为其中包括一定数量的砭石。参照古籍的记载和文献报道，我们推断在远古时代，砭石并非是专用的医疗用具。在60万年前，北京猿人就开始将各种砾石和自然破碎的石块，以及敲打制成的有棱角的石片，用作抵抗武器和生产工具。到了原始氏族公社时期，生产力有了显著的提高，石器制作亦有了很大进步。氏族公社后期，石器制作的品种更加繁多。人类在日常生活中广泛使用石器，已有一部分石器既用于生产又兼用于医疗。例如，为了解除疾病或促使脓疡破溃，可利用小型刮削器(如石刀、石簇、石锛、石镰之类的石器)，刺破皮肤、肌肉并排除脓血。又如，利用小的石锤、石柱、石环之类的石器，可解除肢体或内脏的疾病，从而成为叩击或按摩的治疗工具。1972年在河南省新郑县韩成故址中挖掘出一枚战国以前的砭石，该石一端呈卵圆形可以用作按摩，另一端呈三棱形可以刺破皮肤排放脓血。在山东省日照市龙山文化遗址中采集到两枚锥形砭石，在徐州高皇庙出土的殷周时期文物中亦发现有砭石，郑州附近龙山文化灰坑中发现了一枚呈三棱形的砭石等等。这些发现都证明了砭石起源于新石器时代，最初用于破开痈肿，排脓放血，以后逐渐成为治疗病痛的专门工具。目前认为砭石就是针刺治疗的鼻祖，经过若干年代的衍生发展而成为今日的针灸。

辨 | 辩

[病例] 中医认为，冬春季感冒与夏秋季感冒在病因辩证及治疗上有一定的差别。

【诊断】

"辩证"应为"辨证"。音同形近致误。

【辨析】

辨，音 biàn，形声字，从刀，辡（biàn）声。刂，是"刀"隶变后的写法，表示分的意思。"刀"作偏旁发生如此变形的还出现在"班"字中。"班"从刀，珏（jué）声，就表示分玉的意思。所以"辨"字从刀，最基本的意思也就是判别、区分，如分辨、辨析、辨讹、辨惑。相关成语如"不辨菽麦"，指分不清楚豆子和麦子，形容愚昧无知，亦指脱离生产实践，缺乏实际知识。"明辨是非"，指清楚分明地辨别出是和非。"质疑辨惑"，谓提出疑问，请人解答并加以研究、辨析。

辩，音同辨，形声字，从言，辡声。依照《说文解字》说解，"辩"字的本义为治理，古语"任官辩事"，就是担任官职、治理职事的意思。而"辩"这个意义，其实跟用语言分析辨别有着内在联系。学界一般认为"辩"就是"辡"的后起增繁字，《说文解字》："辡，辠（罪）人相与讼也。"意思就是有罪之人争辩互讼。因此，"辩"的"治理"意义，含有用语言分析案件判断狱讼的意思。

"辩"字后世最常用的意思是指辩论、辩驳，相关成语如"有口难辩"，形容很难分辩。"能言善辩"指会说话，有辩才。"百口莫辩"谓纵有众多的嘴也不能辩解。"高谈雄辩"谓豪放不羁、论理充分有力的谈论。

"辩""辨"音同形近，所以在古代往往相通，如辩士—辨士、辩识—辨识等意义相同，古籍中互见。另一方面，"辩""辨"毕竟是造字意图不同的两个字，在一些双音节词语中，意义又有所不同。比如"分辨"是指辨别，"分辩"则指辩解；"辩白"指说明事实真相以消除误会，"辨白"则指分辨清楚、辨析明白。

至于"辩证"和"辨证"，是两个不同的词。"辩证"是个现代词，常用于辩证法、辩证唯物主义、辩证地看问题等，属于哲学的范畴。而"辨证"是个古代词，意思是指辨析考证，如《四库提要辨证》，意思就是对《四库提要》进行辨析考证。此外，"辨证"还可以指辨白引证，如《新唐书·钱徽传》记钱徽被诬陷时，大家劝其上书自白，徽曰："苟无愧于心，安事辨证邪？"在这类场合，现在仍然写作"辨证"。所以，再遇到"biàn 证"时，一定要根据场合，看清楚是要区分还是要辩论。

链接：中医的"辨证施治"

"辨证施治"是中医根本的诊治原则。"辨"是对病症的辨别与分析，"证"是对症状的综合与归类。"辨证"即运用四诊（望闻问切）所获得的客观资料（症候），用中医理论分析辨证，从而提高认识病因、病理、病机、病位，同时注意病情的发展趋势与邪正盛衰。

"辨证"的目的是为了治疗，所以在辨证的基础上，还要根据不同症候采用相应的治疗方法，潜方用药，即"施治"。根据医者开方的审证思维方式和能力，中医师"辨证施治"的境界大致可分为三种，即对症治疗、有法有方和有法无方。

1. 对症治疗。这是中医初学者普遍经历过的阶段。其用药对症而治，头痛开治头痛的药，脚痛开治脚痛的药，或为持方试病，以方合病，不知道怎样灵活加减。其结果往往是理法不明、临证游移。此时，要做到临证不惑，只有经过不断学习，增长阅历，才能使中医开方的境界向高层次发展。

2. 有法有方。当医者对理、法、方、药有很深的认识及丰富的用药经验后，就可以一方加减而治疗百病，开方时有理、有序、药证合病，遵循辨证施治的原则。

3. 有法无方。病无同病，则法无定法，方无同方。中医用药有因人、因时、因地而异的原则，而且病有百千种，证有千变万化，医者不能尽识之，临证遇到未见之病，只有"谨察阴阳所在而调之"，才能达到"以平为期"的目的。如此变化，则可以无方。

部|布

[病例] 会上，省委领导就认真落实中央指示进行了具体布署。

【诊断】

"布署"应为"部署"。音同义近致误。

【辨析】

部，音 bù，形声字，古文字写作𨻳，从邑，音（pǒu）声。"部"有"统领""管辖"之类意义，如《集韵》："部，总也。""总"就是总领、统率的意思，"总部"一词现在还在使用。由这一意义，"部"又引申为安排、布置，如《汉书·高帝纪》："部署诸将。"《史记》："部署已定。"部署就是安排的意思。病例里的词，用的就是这个意义。

布，音同部，形声字，金文写作𠂤，从巾，父声，𠂇即"父"字。"布"本是棉、麻、苎、葛等织物的通称，后来用化学纤维或其他材料制成的织物或膜也叫布，如塑料布、尼龙布。"布"还可以表示的公布、宣告的意思，如宣布、布告天下。也引申为展开、分散等义，如散布、分布。又有陈设、布置义，如布雷、布局、布下圈套。

因为都有布置之类意义，"布"与"部"历史上确有混用的情况。"部署"一词，在古书中有时可以写成"布署"。因此《汉语大词典》中，"部署""布署"都收。但是在现代汉语的规范中，"部署"这个词是不能写成"布署"的，而这个规范，是以理据为基础的：所谓部署，通常是一种上级对下属的自上而下的安排、布置，所以用表示总领、统率的"部"更加合理；而"布"多表示展开、分散的意思，本义上并不存在上下级之间统摄的关系，所以应以"部署"为准。

链接：说"邑"

"部"为什么可以表示"统领""管辖"？这与它的表义偏旁"邑"有关。

"城市"也可叫作"城邑"，所谓"通都大邑"即指大型城市。可见"邑"即表"城市"，只是这个字眼比较书面化，口语中难得一见。但是"邑"作为一个部首却是我们必须经常与之打交道的，所以有必要对它的来龙去脉做一番审视。

"邑"作部首一般以简化了的形体出现，写作"阝"。因为这个部首通常出现在合体字的右边，又酷似人耳朵的形态，所以人们习惯称之为"右耳旁"。"邑"怎么会变成"阝"？其实只要回顾一下它的字形演变过程就可一目了然：甲骨文"邑"字写作，上面的"口"形是"丁"字，也就是"城"的古字，下面是一个跪地的人。金文"邑"字写作，下面人形的腿部简化趋直。简帛文字"邑"则将上面的"口"与下面的人形连写为一体，并进一步拉直人形的腿部线条，写成。再经过隶变楷化的规范，"邑"终于变成了"阝"。

"邑"作为一个表义的构字部件所能表示的意义是相当丰富的。如"都"指大城市，"郭"（fú）指外城墙，"郊"指城市外围地区。除了表示"城市"以外，"邑"还可以表示国家或国家的行政区域，如"邦"即国家，"郑""郜""那"为古代国名，"郡""鄙"为国家的一级行政区划。"邑"又可以表示地名，如"邹""鄞""邺"都是古代地区名。需要说明的是，以上列举的这些文字都是以"邑"作为唯一表义符号的形声字，也就是说，它们的字义只是维系在"邑"之上。

部首"邑"为什么会有如此丰富的意义呢？这或许是

因为"邑"字原本有着更为丰富的意义。"邑"在古代汉语中不但可指"国家""城市""行政区划""地名"等,还可以表示"封地""首都""人聚居的地方"等等。不难发现,在"邑"字的各个义项中,"人聚居的地方"是一个最为概括的意义,而这个意义也最能解释"邑"字的构形设计:上面的"口"形是"丁"字,是"城"的古字,表示人们聚居之地,下面的ʔ描摹了一个人跪地的形象,这个形象正是古人居处家中的基本形态。在唐宋以前,古人居室中并无桌椅板凳,人们习惯于双膝跪地、臀着脚后跟在家中歇息,所以,描摹这个形象的ʔ正可表示居住的意义,也是对它上面"口"这个范围做了一个性质的限定。"邑"的本义既然是"人聚居的地方",从"邑"得义的"部"表示"统领""管辖"之类意义也就很容易理解了。

才｜材

[病例] 堂堂一个博士生，竟然被派到澡堂收水票，真是大才小用，浪费资源。

【诊断】

"大才小用"应为"大材小用"。音同形似致误。

【诊断】

才，音 cái，甲骨文作↑，金文作↓，小篆作才。《说文解字》认为：整个字象草木初生之形。后指人的天性、才质，如天才。引申为才能、才智，如德才兼备、多才多艺。也指具有某种才能的人，如将才、奴才、栋梁之才。由此可知，以下成语中的"才"，都不能换成"材"："真才实学"，真实的才能和学问；"德才兼备"，良好的思想品德和能力才干两者都具备；"江郎才尽"，南朝江淹，少有文名，世称江郎，晚年诗文无佳句，时人谓之才尽，后来常用"江郎才尽"比喻才思衰退；"文武全才"，能文能武的全面之才；"恃才傲物"，自负其才，藐视他人。

材，音同才，形声字，从木，才声。《说文解字》："材，木梃也。""材"的本义是木干、木料。因为木材是古代的基本生产生活资料，所以"材"又引申为原料、材料，如钢材、题材。也引申为资质和能力，如成语"因材施教"。

从汉字的发展演变的角度来看，古代本来只有"才"字而没有"材"字。后来因为"才"的意义太多，不利于交际的明确性，所以另造"材"字表示材料、木材，"才"则专指才能、才华。因为"材""才"意义很近，所以历史上曾经可以通用，如"人才"可以写作"人材"。但"大材小用"，本来说的是大的材料用到了小的地方，如果指人事安排不当，那就是一种比喻的用法，所以仍要写成"材"，而不能写作"才"。其他如"楚材晋用""绵力薄材"中的"材"都不能换成"才"。

链接："人才"与"人材"

《现代汉语词典》《新华字典》以"人才"为主条，注明也作"人材"。《汉语大词典》两词均收，释义相同。《辞海》以"人材"为主条。

词频统计：人才 1086，人材 35。

二者为全等异形词。《说文解字》："才，草木之初也。"段注："草木之初而枝叶毕寓焉，生人之初而万善毕具焉，故人之能曰才，言人之所蕴也。"《说文解字》："材，木梃也。"段注："梃，一枚也。材谓可用也。……材，引申之义，凡可用之具皆曰材。"根据通用性原则和"才""材"的分工，《第一批异形词整理表》已确定"人才"为推荐词形。

——摘自李行健主编《现代汉语异形词规范词典》，上海辞书出版社，2002 年 12 月版

采|彩

[病例] 校园歌曲比赛中除班级大合唱外，还有小合唱、独唱、舞蹈、二胡独奏等节目,节目内容丰富多采。

【诊断】

"丰富多采"应为"丰富多彩"。音同形似致误。

【辨析】

采，音 cǎi，甲骨文作 ，上面是爪（向下的手），下边是木（树），以爪、木会意，表示摘取的意思。甲骨文也作 ，以爪、果会摘取意，

彩，也音 cǎi，但却是个形声字，以"彡"表义，"采"则是声符。作为汉字部首的"彡"，通常可以表示"色彩""美饰"之类意义，如"彤"表"用红色涂饰器物"，"彬"表"富于文彩"，"彰"表"文饰鲜明"等等。所以"彩"表示色彩之类意义。

上古的时候只有"采"字，既表示采摘，又表示色彩。后来为了表义的精确，由"采"分化出了"採"表示"摘采"，"彩"表示"色彩"，"綵"专指"彩色纺织品"。后来整理异体字把"綵"合并于"彩"，汉字简化时又把"採"合并于"采"。

因为具有同源的关系，在古代汉语里，"采""彩"往往可以通用，比如纳彩礼，也写作"纳采"。

现代汉语将"采""彩"二字的使用作了规范：采，偏重神色；彩，偏重形色。如："神采""风采""兴高采

烈"，都涉及神色的描绘，所以用"采"；"文采"偏重神韵，所以也用"采"；而"五彩缤纷""彩带""彩霞""彩照"等，都与颜色有关，所以用"彩"。此外，戏剧、舞蹈公演前的化装排演叫作"彩排"，作战时负伤流血叫作"挂彩"，也都和色彩有关。

"丰富多彩"是内容丰富、形式多样的意思。这里的"彩"作花样、精彩的成分解释，这个意义是由"色彩"义引申出来的。所以宜用"彩"而不用"采"。

链接：从"纳采"到"彩礼"

"彩礼"这个词，来源于古代"纳采"之礼，然而此"采"非彼"彩"，它们之间经历了哪些演变，最终实现了换位，你知道吗？

让我们先从老祖宗那里说起。古书中说："伏羲氏制嫁娶，以俪皮为礼。"就是说，在我国远古的氏族社会中，男子娶妻，要送两张鹿皮作礼物，这大概是我国最早的彩礼了。为什么用鹿皮做彩礼呢？因为鹿皮是一种非常美丽的皮毛，既象征吉庆，又是原始社会时的衣着之物。用两张，取成双成对之意，后来称夫妇为"伉俪"，就是从"以俪皮为礼"而来。我国至今在一些地方还有送衣物作彩礼的习俗。

而彩礼这个词，则直接来源于西周时期的"采择之礼"。那时建立婚姻关系的第一个程序叫"纳采"，就是由男方向女家献礼，以示求婚。如果女家不接受，这个婚姻关系就不能成立；如果女家答应了，这个婚姻关系就开始成立。但要正式成婚，还要再送一次彩礼，这个程序叫"纳征"，后世称之为"下定""过定"。"定"，就是要正式订立婚姻关系的意思。显然，如果上古时代已有"采"和"彩"的明确分工，那"纳采"是会被写成"纳彩"的，因为"纳采"之礼的实质，就是男方给女方送去光彩美丽的订婚物品。

　　随着社会的发展，彩礼也不断地演变。大约西周时，随着手工业的发展，彩礼就用丝帛和雁了。雁不但羽毛美丽，而且是一种不离伙伴的候鸟，它是爱情坚贞的象征。所以，从天子到庶民，都用它作为求婚的礼品。当时有颜色的丝帛叫"币"，后称"綵"，是当时通行的礼品，"彩礼"一词，即直接由此而来。后来彩礼多送彩色丝绸，近代送彩礼也多用红丝带束扎，大约同源于西周。当时，彩礼已有等级区别了：庶民能用黑色的丝；卿大夫用丝加鹿皮；诸侯、天子还要加上玉器，而且贵重不一。但无论有何区别，其光彩华丽的性质还是一如既往。然而人们发现，"采"字既表示采摘，又表示色彩，有着诸多不便，因此，就专用"彩"来表示"彩礼"之"彩"，因此就在用字上与"纳采"之"采"分道扬镳了。

灿｜璨

> [病例] 都江堰是我国传统治水文化的一颗璀
> 灿的明珠，其中蕴涵着丰富的历史经验与智慧，
> 具有极大的价值。

【诊断】

"璀灿"应为"璀璨"。音同形似致误。

【辨析】

灿，繁体字写作"燦"，音 càn，形声字，从火，粲声。"灿"的本义是指火光明亮、灿烂的意思，故从"火"。后来也用来形容光彩鲜艳耀眼，如魏源的诗："却喜无月灯愈灿，倒翻水底成星汉。"

璨，音同灿，形声字，从玉，粲声。"璨"从玉，本义是指玉的光泽。后来也泛指美玉，如《广韵》："璨，美玉也。"引申为灿烂、明亮的意思，白居易《黑龙饮渭赋》："气默默以黯黯，光璨璨而烂烂。"

"灿""璨"都有灿烂、明亮的意思，区别在于："灿"的使用范围比较广，可以形容衣服的光鲜，也可以形容星月的光亮，如"星汉灿烂"，而"璨"，专指玉光，以及和玉有关的东西，如璀璨。"璀"字也从"玉"，表示玉的光泽。所以"璀璨"是个双声同义合成词，写成"璀灿"就没有了这层意思。

链接：说"粲"

传统训诂学研究表明，形声字不仅义符表义，而且声

符也往往表义（当然不是一定）。"灿（燦）"与"璨"的声符"粲"，显然就具有这种功能。

"粲"本来表示精米。《说文解字》："粲，稻重一秅（shí），为粟二十斗，为米十斗，曰毇；为米六斗太半斗，曰粲。从米，奴声。"从这个训释中我们得知，用一石（一百二十斤）的稻可加工成十斗米，而要加工成粲，就只有六斗多。这种精米，在上古时代具有特殊的功用，那就是被人用来祭祀祖先。汉代有一种刑罚叫"白粲"，就是令获罪的妇女择挑白米，以供祭祀之用。祭祀在古人生活中乃是莫大之事，所以，"粲"在人们生活中的地位也就变得重要起来，在语言交际中的意义也得到泛化。毫无疑问，"粲"这种精米，视觉上具有灿烂光鲜的特点，因此，"粲"可引申为"精洁""洁白"，又可引申为"鲜明貌""美好貌"。《诗•唐风•葛生》："角枕粲兮，锦衾烂兮。"朱熹集传："粲、烂，华美鲜明之貌。"由此可见，"灿（燦）"和"璨"的声符具有类同的意义，而且都与字义有关，这或许是导致"灿（燦）""璨"混用的又一个原因。但是，我们应该了解，声符的表义，是属于文字来源层面的，而不应该误导现实应用，拿"灿（燦）"和"璨"来说，历史上很可能都是从"粲"发展而来的。所以，"粲"与"灿（燦）""璨"意义上会有一定关系，但是"灿（燦）""璨"一旦成字，就意味着它们在语言交际中有了明确的分工，就不应该再彼此不分了。

掺|搀

[病例] 在别人的掺扶下，我回到住处简单处置了一下。

【诊断】

"掺扶"应为"搀扶"。音同形似致误。

【辨析】

掺，音 chān，形声字，从手，参声。古音读为 shǎn，表示执、持的意思。不过在写作"掺掺"时，要读为 shān，类似于"纤纤"，形容女手纤美之貌，如《诗经·葛屦》："掺掺女手。"亦指女子纤美的手。在现代汉语一般语言交际场合中，"掺"只读为 chān，表示混合的意思，如掺假、掺和。"掺"的这种意义显然与它的声符"参"有一定的意义联系："参"本身就有加入的意思，如参加、参与、参谋等，可见"掺"字的现代规范也是考虑到其字源理据的。当然，我们也可以把这一点作为正确使用"掺"字的一个提示。

搀，音 chān，形声字，繁体字写作"攙"，从手，毚（chán）声。"搀"的本义是刺，如《说文解字》："搀，刺也。"如苏轼诗："千株玉槊搀云立，一穗珠旒落镜寒。"在现代汉语中，"搀"常用来表示搀扶、牵搀等意思，用的是"搀"字的后起之义。比如《红楼梦》第九十六回："姑娘才好了，我叫秋纹妹妹同着你搀着姑娘，歇歇去罢。"鲁迅《呐喊·一件小事》："车夫听了这老妇人的话，却毫不踟蹰，仍然搀着伊的臂膊，便一步步地向前走。"

由此可见，"搀扶"是同义字的组合，而"掺扶"则令人不知所云。

链接："搀假""掺假"与"掺杂""搀杂"

"搀假"和"掺假"，"掺杂"和"搀杂"，这两组都是异形词，你知道它们中哪个是被推荐形式吗？或许上文的说解已经让你心中有数了。再节录《现代汉语异形词规范词典》的文字，以供参考：

掺假—搀假：《现代汉语词典》只收"搀假"，但"掺"字头下注明"同'搀'"。[编者注：《现代汉语词典》（第7版）"掺假""搀假"二者均收，以"掺假"为主条。]《汉语大词典》二者均收，释义同。

词频统计：掺假83，搀假0。

《第一批异形词整理表》已确定"掺假"为推荐形式。新版《现代汉语词典》也以"掺假"为推荐形式。

掺杂—搀杂：《现代汉语词典》只收"搀杂"，但"掺"字头下注明"同'搀'"，并举有例词"掺杂"。[编者注：《现代汉语词典》（第7版）"掺杂""搀杂"二者均收，以"掺杂"为主条。]《汉语大词典》二者均收，释义同。

词频统计：掺杂202，搀杂1。

《第一批异形词整理表》已确定"掺杂"为推荐形式。新版《现代汉语词典》也以"掺杂"为推荐形式。

驰 | 弛

[病例] 最理想的睡姿是右侧屈膝而卧，此方法可使全身肌肉松驰，呼吸通畅。

【诊断】

"松驰"应为"松弛"。音同形似致误。

【辨析】

驰，音 chí，形声字，从马，也声。古代车马曰驱，步行曰走，《说文解字》："驰，大驱也。"所以"驰"的本义是指车马疾行，故以马为偏旁，后泛指疾行、奔跑，如风驰电掣。"驰"也可以引申为追逐、向往等义，如《隋书·史祥传》："身在边隅，情驰魏阙。"驰，向往也。成语有"心驰神往"，也是形容人对于某种事物心神向往的意思。

弛，音同驰，形声字，从弓，也声。"弛"的本义是放松弓弦，所以用弓来表示字义。"弛"的对立面是"张"，"张"是把弦绷紧在弓上的意思。由"放松弓弦"的意思引申开去，"弛"又可以表示一般的放松、松懈。《史记·吕不韦传》："以色事人者，色衰而爱弛。"这句话的意思是：用美色侍奉人，等到上了年纪美色衰减，所获得的宠爱就会"弛"，义为衰弱。以后"色衰爱弛"就此演化成一个成语。

"驰"字从马，意义多和疾、快有关。"弛"字从弓，意义多和缓、慢、松相连。两者字形相似，意义上却正好完全相反。所以，"松弛"一词中的"chí"，与"松"相连缀，自然只能用"弛"，不可用"驰"。

链接："弓"旁字与"马"旁字

在中国古代社会，弓箭和马匹与人们的生活息息相关，因此"弓"和"马"在造字意图和语言思维的层面都是非常活跃的。

从"弓"得义字：

弧度之"弧"，《说文解字》曰："弧，木弓也。从弓，瓜声。一曰往体寡，来体多曰弧。"

紧张之"张"，《说文解字》曰："张，施弓弦也。从弓，长声。"

弯曲之"弯"，繁体作"彎"，《说文解字》曰："弯，持弓关矢也。从弓，䜌声。"

引导之"引"，《说文解字》曰："引，开弓也。从弓，丨声。"

恢弘之"弘"，《说文解字》曰："弘，弓声也。从弓，厶声。厶，古文肱字。"

从"马"得义字：

暴风骤雨之"骤"，《说文解字》曰："骤，马疾步也。从马，聚声。"

驱逐之"驱"，《说文解字》曰："驱，马驰也。从马，区声。"

好高骛远之"骛"，《说文解字》曰："骛，乱驰也。从马，敄声。"

驰骋之"骋"，《说文解字》曰："骋，直驰也。从马，甹声。"

惊吓之"惊"，繁体作"驚"，《说文解字》曰："惊（驚），马骇也。从马，敬声。"

　　不难发现，从"弓"得义之字，现在的通行意义虽然林林总总，但追根寻源，还是可以发现它们跟弓的某种属性的逻辑关系。同样，从"马"得义之字的各种今日通用意义，也都是以马这种动物的品质和行为特点为起点引申而成的。基于这个语言现实再来看待"驰"与"弛"的差别，我们或许可以有更深一层的理解。

仇丨雠

[病例] 刘向校书，一般都要做广罗异本、除去重复、仇校讹文脱简、写定正本、条列篇章、定著目次等几项工作。

【诊断】

"仇校"应为"雠校"。音同义近致误。

【辨析】

仇，形声字，从人，九声。两读：读为 chóu 时，表示仇恨、仇敌的意思，这种用法最为常见，比如仇人、仇家、仇怨、报仇雪恨。读为 qiú 时，主要应用于古文，比如《易》："我仇有疾，不我能即。""仇"，义为配偶。《诗经》："赳赳武夫，公侯好仇。""仇"，义为同伴。另外，仇（Qiú）还是姓。

雠，金文写作𣠣，音 chóu，形声字，从言，雔（chóu）声。"雠"的本义是指对答。《诗经·大雅·抑》："无言不雠，无德不报。""雠"用的就是其本义。"雠"还可以指"校雠"，即今天所谓的校对。左思《魏都赋》有"雠校篆籀"一句，李善注："《风俗通》曰：'案刘向《别录》，雠校：一人读书校其上下得谬误为校，一人持本一人读书若怨家相对为雠。'"校对时双方各持一本，一读一校，如同仇敌，不过这里说的仇敌并不指人，而是指书中的错字。此外，在古代"雠"也可以表示仇怨、仇恨的意思，此时两字往往可以替用，如鲍照的诗："失意杯酒间，白刃起相雠。"两个字还可以连缀起来形成"仇雠"一词，义为仇人、冤家对头。

在 1955 年文化部和中国文字改革委员会发布的《第一批异体字整理表》中，曾经将"雠"作为"仇"的异体字予以淘汰，1986 年在国家语言文字工作委员会重新发表的《简化字总表》中又确认"雠"为规范字，并对"雠"字加了注："雠：用于校雠、雠定、仇雠等。表示仇恨、仇敌义时用仇。"

所以，现在要正确分辨两者的差异就很容易了。"仇"没有校勘、比照等意义，所以在表示校定、校对等意思时，只能用"雠"，而不能用"仇"。

链接："雠英"还是"仇英"

某城市的门户网站上登载了一篇介绍唐伯虎的文章，其中一段文字是这样写的：

唐寅（1470—1524），字伯虎，一字子畏，号六如居士、桃花庵主、逃禅仙吏。明代吴县（今江苏苏州）人，与沈周、文征明（作者注："文征明"应为"文徵明"，人名中"徵"不宜简化为"征"）、雠英合称"明四家"。

"明四家"里有叫"雠英"的吗？稍有文史常识者都会摇头。明代只有名叫"仇英"的大画家，"雠英"则子虚乌有。"雠""仇"二字尽管有通用之处，但作姓氏时只能用"仇"。不明于此，就难免一不留神又"创造"出一个历史名人来。

绌丨拙

[病例] 那时谁能想到，十年后他们的生活竟然
会如此的穷拙不堪。

【诊断】

"穷拙"应为"穷绌"。形似义近致误。

【辨析】

绌，音 chù，形声字，从纟，出声。"绌"的本义是深红，用来形容染丝的颜色，后来这个意思废而不用，"绌"开始表示短缺、不足的意思。如《荀子》："缓急赢绌。""赢"义为节余，"绌"和"赢"对应，表示不足的意思。又如《尚书主客郎中刘君墓志铭》："财绌于上而盗起于下。"

拙，音 zhuō，形声字，从手，出声。《说文解字》："拙，不巧也。""不巧"，就是笨拙的意思，所以"拙"的本义是指笨拙、迟钝，如成语"大巧若拙""弄巧成拙""勤能补拙"之"拙"。由此引申开去，"拙"后来多作谦词使用，如称自己的言论为"拙见"，自己的著作文章叫"拙作"，自己的老婆叫"拙荆"等等。

"绌"与"拙"字形相近，而且"拙"字比"绌"字更为常见，所以经常有人把"绌"字错写、误读为"拙"，比如"穷拙"。这大抵是因为不知道这个词具体的意义，所以致误。"穷绌"，指困乏拮据，多用来形容经济、生活的困乏，而"拙"的意思是"笨拙"，没有这层意思。

链接："绌"的构词

"绌"字在现代汉语中比较少见，因此也会导致人们对它的误用。为了熟悉它的意义，不妨了解一下它的构词意义。

"绌"多与表示短缺、不足的单音词同义复合，如："绌乏"，指困乏；"窘绌"，谓穷困匮乏；"短绌"，表示短缺；"歉绌"，表示短缺、不足；"匮绌"，谓缺乏、不足；成语"财匮力绌"，谓钱财缺乏，力量不足。

"绌"也可与表示多、赢余的单音词形成对义复合，如："赢绌"，犹增减、伸屈、进退；"盈绌"，指有余或不足；成语"时绌举赢"，谓当衰败之时，而强作奢侈之事。

了解了"绌"的上述构词意义，或许可以帮助我们正确用好这个常被用错的字。

词|辞

[病例] 司马相如在当时被称为"天下第一才子"，他很擅长写赋，其赋文词华美，文中有乐。

【诊断】

"文词"应为"文辞"。音同义近致误。

【辨析】

词，音 cí，《说文解字》："词，意内而言外也。从司，从言。"段玉裁注："司者，主也，意主于内而言发于外，故从司言。"由此，我们可以把"词"理解为一个用"言""司"会意的字。"司"表示"主"的意思，尽管表义，但它同时也是表音的，因此我们可以把"词"看成一个会意兼形声字。用现在的话说，"词"的本义就是"语言里最小的可以自由运用的单位"，如词汇、组词、造词、词语之"词"。由此引申，"词"还表示"文辞、语句"，如歌词、贺词、词章之"词"。此外，"词"还是一种文体的名字，即兴于唐、盛于宋，配合音乐而句式长短不一的诗体，亦称"诗余"或"长短句"，也就是唐诗宋词之"词"。

辞，繁体作"辭"，音同词，《说文解字》："讼也。从䛐，䛐犹理辜也。䛐，理也。"据徐锴和段玉裁的意见，这个解释中的前两个"䛐"字后都应有"辛"字，"䛐"表示治理；"辛"表示罪犯（即辜），所以"辞"的本义是指讼辞、争讼。与狱讼判决的结果有关，"辞"还可以引申为摒弃、遣去的意思，如陆机《汉高祖功臣颂》："辞世却粒。"并由此引申为推辞、辞谢、告别、离开等义。

因为讼词也是言辞，所以"辞"也有文词、言词的意思。其简体字变从"辭"为从"舌"得义，正与这种意义有关。"辞"的这种用法见于如下词语："严辞"，严厉的言辞；"微辞"，委婉而隐含讽谕的言辞，隐晦的批评；"婉辞"，恭顺或委婉的言辞；"媚辞"，阿谀奉承的言语；"欲加之罪，何患无辞"，谓欲加害于人，即使无过错，也可以罗织罪名作为理由；"众口一辞"，许多人都说同样的话，看法或意见一致；"以文害辞"，谓拘于文字而误解整个语句的意义。

自古以来，"辞"与"词"在"言词""词句"意义上多可通用。但在上古，只用"辞"而不用"词"。自汉代以后，"词"才逐渐代替了"辞"。现在"辞"与"词"在使用过程中通用情形很多，例如：词典、辞典，词赋、辞赋，词藻、辞藻，词章、辞章，祝酒词、祝酒辞，等等。而其不同之处在于："词"可指最小的可以自由运用的语言单位，而"辞"则只指优美的语言、语句。所以"文 cí"尽管可以写作"文词"或"文辞"，但"文词"的意义比较狭隘，通常指一字一词，而"文辞"的意义则比较广泛，可以统指整篇文章。所以在形容一篇文章的优劣得失时，人们习惯用"文辞"而不用"文词"。

另外，根据现代汉语规范，"辞令、辞书、文辞、修辞、隐约其辞、振振有辞"之"辞"不能用"词"。作为古典文学的文学体裁来说，"辞"本来专指楚辞，后来又指一种文体，如汉武帝《秋风辞》、陶渊明《归去来兮辞》，也指古体诗的一种，如《木兰辞》。而"词"则指一种由五言诗、七言诗和民间歌谣发展而成，起于唐代、盛于宋代的韵文形式，又叫"长短句"。

链接："乿"与"辛"

以"乿""辛"会意的"辞"为什么能够表示"讼"？这需要弄明白"乿""辛"作为会意部件的意义。

"乿"古文字作🐛，中间为束丝之器束起来的丝的形象，上面的"爪"与下面的"又"则表示对丝的治理。作为独立文字，"乿"即"乱"字初文，兼表"治""乱"两端。古人以耕织为基本谋生手段，故对理丝之烦尤为刻骨铭心，所以用"乿"与"辛"组合成"辭"字。

"辛"为古代刑刀的形象，古文字写作🔨，所以"辛"在汉字造字中多表示刑罪的意义，比如"罪"的古字"辠"（《说文解字》："犯法也。从辛从自，言辠人蹙鼻苦辛之忧。秦以辠似皇字，改为罪。"），与"罪"同义的"辜"（《说文解字》："辠也。从辛，古声。"），犯罪者之名的"童""妾"（《说文解字》："童，男有辠曰奴，奴曰童，女曰妾。"），都是以"辛"表义的。古文字的这种"辛"，在《说文解字》里被分成"辛"和"亠"，但是表示刑罪的意义不变。

从以上分析，我们似乎可以在更深层次上理解"辞"的意义特点以及它与"词"的不同之处。

萃|粹

[病例]北京糕点业的特点十分突出,它吸取汉、满、蒙、回、藏等民族食品的精萃,融会南、北、荤、素、甜、咸之特点,形成了与其他地区所不同的"京味糕点"。

【诊断】

"精萃"应为"精粹"。同音字误用。

【辨析】

萃,音 cuì,形声字,从草,卒声,本义是草丛生,也就是草密集地生长,引申为群、类,如《孟子》"出乎其类,拔乎其萃",成语"出类拔萃"便由此而来。"萃"作动词时,义为聚集和汇集,如萃集、萃聚、群英荟萃。

粹,音同萃,也是个形声字,不同的是它以"米"为义符。与野生的"草"不同,"米"是先民用心培育之物,即谷类植物的去皮子实。从"米"得义的字,多指美好事物。"粹"本指纯净无杂质的米,如"播精择粹"之"粹"。后引申为纯,如纯粹、粹白,也引申为美好、精华的意思,如粹美、国粹。

很显然,"精 cuì"的"cuì",应该和"精"意义相近,表示精致、精华的意思,应该用"粹",而非"萃",否则杂草丛生,何精粹之有?

链接:从构词看"萃""粹"的区别

字词的意义通常可以在词语的构成中得到很好体现,"萃""粹"也不例外:

"鳞集毛萃"，谓如鱼鸟成群而至；"鸟集鳞萃"，像鸟鱼聚集一处；"蚁萃螽集"，像蚂蚁、螽斯一般集聚，比喻集结者众多；"鳞萃比栉"，犹言鳞次栉比；"群萃"，指事业相同的人集聚在一起，也泛指众相集聚；"萃集"，聚集、汇集；"萃聚"，聚集、汇集；"荟萃"，聚集、会集，多用于人才或精美之物；"总萃"，会合聚集；"云萃"，从四面八方聚集在一起。

"萃"多与"集""聚"等表示会聚意义的字词同义连缀，可见它自身的意义所属亦同。

"冰清玉粹"，比喻德行高洁；"真粹"，谓品行高超；"国粹"，指我国文化艺术中的精华；"玉粹"，像玉一样的纯美；"清粹"，谓清高纯正，也谓清秀；"精粹"，精炼纯粹、精华，指事物最精美部分；"粹要"，精粹要义；"粹美"，纯洁善良，纯正美好；"粹雅"，精纯典雅；"纯粹"，纯正不杂，精纯完美。

"粹"多与"清""美""精"等表示美好意义的字词同义连缀，可见它自身的意义也以美好为基本内涵。

带 | 戴

[病例]梅塞德斯 Mercedes 带着眼镜进军新市场。

【诊断】

"带着眼镜"应为"戴着眼镜"。音同义近致误。

【辨析】

带，音 dài，甲骨文"带"是象形字，作 🔲、🔲，字形中间象绅带交组之形。后演化为会意字，小篆作 🔲。据《说文解字》的解释，其上部"象系佩之形"，而下部的"巾"则是因为"佩必有巾，从巾"。本义是指束衣的腰带，后来引申为系物的带子，如鞋带、袜带、尼龙带。物体形状呈带状的也用"带"，如海带、履带、磁带、光带。陆游的诗："黄河看如带。"在用为动词时，"带"除了连接、环绕等义外，最常用的莫过于表示携带、带领等意思了，如带饭、带伞、带兵、带徒弟。

戴，音同带，从异，𢦏（zāi）声。《说文解字》言"分物得增益曰戴"，就是通过分配使自己的物品增多了的意思。这个意义已不常见，最常用的是"戴"表示加物于头或用头顶着的意思，如拥戴、爱戴。《孟子》："颁白者不负戴于道路矣。"后来"戴"的词义有所扩大，在"加在头上或用头顶着"词义的基础上，又派生出"把东西放在头、面、颈、胸、臂等处"的意思，如戴花、戴戒指、戴红领巾。此外"戴"还可以表示一些具有装饰意味或某种特殊含义的动作。如"戴孝"是指身穿孝服或臂缠黑纱等方式，所以用"戴"不用"带"。

作为动词的"戴"和"带"，其词义和用法都有明显的不同。从句子的意思看"带着眼睛"显然用的是"戴"的派生义，所以用"带"就完全错了。

链接："戴"字源流

"戴"字本来是个象形字，金文写作 ![字形]、![字形]，像一个人举起双手，扶着头顶上的器物。其实这个字也就是后来"戴"的义符"異"字。据研究，"戴"和"異"本来就是一个字，即上述两个金文字形既是"戴"字也是"異"字，后来才分化成两个字。正如杨树达先生所说："異本头上戴物之谊，今其义为戴字所专有，而異乃专为分異（异）異（异）同之义矣。"（《积微居小学述林》）

在近年新发现的战国楚简文字中，我们发现了另一种写法的"戴"：![字形]，见于《上海博物馆藏楚竹书二·容成氏》第九简，从首，弋声，义符更贴近本义。显而易见的是，这些突出人头部的"戴"字，对我们准确使用"戴"都是不无帮助的。

雕 | 凋

[病例]1945 年日本战败经济雕零，政府下禁酒令限制酒类之自由贩售。

【诊断】

"雕零"应为"凋零"。音同形似致误。

【辨析】

雕，音 diāo，形声字，从隹（zhuī），周声。不过"雕"籀文写作𩿎，以鸟为义符。雕是一种大型猛禽，属于鸟纲，鹰科，也叫"鹫"。后引申为奸猾、凶猛。如王勃的《乾元殿颂》："循图访典，去泰捐雕。""雕"，就是奸猾的意思。此外，"雕"在古代还可以和"彫"相通，表示雕琢、雕刻的意思。不过，在汉代汉语中，已经把所有属于"彫"的都归入了"雕"，"彫"字仅仅作为异体字偶尔出现。

凋，音同雕，形声字，从仌（bīng），周声。"仌"是"冰"字的初文，有寒冷的意思，所以"凋"的本义是指草木零落，表示凋谢、衰败的意思。比如杜甫的《秋兴八首》："玉露凋伤枫树林，巫山巫峡气萧森。"大概秋冬之际，天气寒冷，正是草木零落的时节，所以"凋"字从仌。后也引申为疲敝、困苦之义，如"民生凋敝"。

"凋""雕"古代通用，但 1955 年《第一批异体字整理表》曾将"凋"作为"雕"的异体字予以淘汰。1988 年《现代汉语通用字表》重新确认"凋"为规范字，但只能用来表示"凋谢"及其引申义。所以现在只有"凋零""凋敝""凋落"和"凋谢"才是正确的写法。

链接：《说文解字》中的"隹""冫""彡"

"凋""雕"以及"彫"在历史运用中往往难分彼此，系统观察一下它们的表义偏旁原本的意义显然有助于分清它们本来的差异，进而掌握目前的相关规范。下面列出《说文解字》中部分从"隹"、从"冫"、从"彡"得义字以及许慎的说解，以供读者参考。

从"隹"：

"隹，鸟之短尾总名也。象形。"

"雀，依人小鸟也。从小、隹。"

"鸡（雞），知时畜也。从隹，奚声。"

"雁，鸟也。从隹从人，厂声。读若鴈。臣铉等曰：雁，知时鸟。大夫以为挚，婚礼用之。故从人。"

"雄，鸟父也。从隹，厷声。"

"雌，鸟母也。从隹，此声。"

从"冫"：

"仌，冻也。象水凝之形。"

"冰，水坚也。从仌，从水。"

"冻，仌也。从仌，东声。"

"冬，四时尽也。从仌，从夂。夂，古文终字。"

"冷，寒也。从仌，令声。"

从"彡"：

"彡，毛饰画文也。象形。"

"形，象形也。从彡，开声。"

"修，饰也。从彡，攸声。"

"彰，文彰也。从彡，从章，章亦声。"

"彩，文章也。从彡，采声。"

叠 | 迭

[病例] 悲情七月洪水肆虐，娱乐高潮叠起令人感慨。

【诊断】

"高潮叠起"应为"高潮迭起"。音同致误。

【辨析】

叠，音 dié，会意字，从晶，从宜。《说文解字》里"叠"字写作"疊"，应该是从畾（累）省形，所以"叠"有累加、重复的堆积之类意思。如"叠罗汉"，指人上架人，重叠成各种造型的体操、杂技表演项目；"叠床架屋"，比喻重复累赘；"层峦叠嶂"，谓山峰重叠。由这个意义引申开去，"叠"又具有"重复"意义，如"层见叠出"，指接连不断地反复出现。"叠"字由本义引申后还可以表示折叠，如"叠千纸鹤"。

迭，音同叠，形声字，从辵（chuò），失声，本义是更迭、交替。如《诗经》："日居月诸，胡迭而微。"后来，"迭"字又由更迭义引申为屡次、连着。如李大钊《庶民的胜利》："所以境内境外战争迭起，连年不休。"

"叠"与"迭"本是两个不同的字，但因为意义有类同之处，"叠"曾被简化为"迭"，而后又被恢复为正字。国家语委会 1986 年 10 月 10 日公布的《简化字总表》对少数字作了调整，其中就明确"叠"不再作"迭"的繁体字处理。由于经历了一个由分到合，再由合到分的曲折过程，从而造成了两字使用中有着比较高的错误率。

其实，"叠"与"迭"的区别还是很清楚的："迭"强调的是多次，而"叠"强调的则是重叠、重复。"高潮迭起"一般指的是高潮发生的次数多，而并非强调其重复性，所以写成"高潮叠起"是不妥当的。同理，"重叠"不能写成"重迭"，而"更迭"不能写成"更叠"。

链接："叠"字的造字意图

"叠"字多异体，历史上人们对其造字理据的认识也不尽一致，简述如次，以供参考。

《说文解字》："叠（疊），扬雄说：以为古理官决罪，三日得其宜乃行之。从晶，从宜。亡新以为叠（疊）从三日太盛，改为三田。"

大意是：西汉扬雄解释"叠"字说，古代的法官对诉讼案件进行判决，需要三天的时间才能处理得十分恰当，然后再去执行。所以"叠"字写作"疊"，取三日（晶）为宜之义。等到了王莽的新朝时，又认为三个太阳太盛了，于是又把"三日"改成了"三田"，字形亦改为"疊"。

这当然也代表了许慎在编著《说文解字》时的看法，未必靠得住。

徐灏《段注笺》则认为："叠（疊）"字上的"三田"，即"累（纍）"字的省略，所以这个"三田"也表示积累的意思。

后来的学者们一般认为，徐灏的看法比较可靠。

订|定

[病例]国家工商总局已在广泛调研的基础上拟出《反不正当竞争法（修定草案）》，正在修改完善。

【诊断】

"修定"应为"修订"。音同致误。

【辨析】

订，音 dìng，形声字，从言，丁声。《说文解字》："订，平议也。""订"的本义就是评议、评定。所以"评订"一词，意思就是评议。评议、评定，当然包含着修改意见，因此由此本义，"订"又引申出修改的意思。如："修订"，谓修改订正；"商订"，谓商讨订正；"删订"，谓删改修订。评议、评定，是以研究、商讨为内涵的，所以"订"又有了"经过研究、商讨而立下"的意义，如制订、签订、拟订。由此意义再引申，"订"则有了预约的意义，如订购、预订等。

定，音同订，会意字，从宀，从正。宀（miǎn），就是房子的意思，"正"有平稳的意思，所以"定"的本义就是安定、稳定。由此本义，"定"又引申为决定、确定、必定的意思。由此意义再引申，"定"也有了预约的意义，如定报、定货、定单等。

显然，在"预约"这个意义上，"订"和"定"似乎重合了，历史上相互通用的情况也是时有发生的，比如："订阅""订户""订单"可写作"定阅""定户""定单"。但是，需要注意的是，两者实际上是存在细微差异的："订"含有协商的意思，只表示双方事先有所约定，并不管约定能否保证确定不变，强调的是过程；"定"有决定、确定、规定等意思，表示事情已经确定下来了，不会轻易更改，侧重的是结果。可见，"修订"的意思是"修改订正"，而"修定"的意思是"修改确定"。分清了"订"和"定"，"修订"与"修定"的区别就不难区分了。

最容易混淆的恐怕是"制定"与"制订"，而这两个词的词义同样是因"订"和"定"的差异而有区别的。"制定"表示确定、决定的意思，如"制定了正确的路线、方针、政策"；而"制订"则表示创造拟定的意思，如"初步制订汉语拼音方案"。

链接："定金"和"订金"

"定金"与"订金"仅一字之差，被许多人混为一谈，但其实在法律上，两者却有天壤之别。

"定金"是法律用词，按《中华人民共和国担保法》规定，"定金"是债权的一种担保方式，目的在于促使债务人履行债务，保障债权人的债权得以实现。如给付"定金"的一方不履行约定的债务的，无权要求返还"定金"；如收受"定金"的一方不履行约定的债务的，应当双倍返还"定金"。此外当债务人履行债务后，"定金"还可以抵作价款或收回。

对"订定"而言，在法律上并未赋予其明确的含义。按《最高人民法院关于适用〈中华人民共和国担保法〉若干问题的解释》："当事人交付留置金、担保金、保证金、订约金、押金或者订金等，但没有约定定金性质的，当事人主张定金权利的，人民法院不予支持。"可见，"订金"的作用及含义需当事人进行约定，如当事人未约定（赋予）"订金"具有"定金"性质的，"订金"不具有担保债权的作用，即通常所说的不具有"双倍返还"的含义，此时，"订金"的作用相当于预付款。

简单地说，在签合同时，如果写的是"订金"，一方违约，另一方无权要求其双倍返还，只能得到原额。有些个人和企业利用人们法律知识的欠缺，在订立合同时，故意设下陷阱，将"定金"写成"订金"，以逃避法律制裁。所以为避免损失，与他人签合同时，请您一定要留点神。

度|渡

[病例]博鳌亚洲论坛秘书长龙永图指出，加入世贸组织(WTO)3年后，中国已经不存在所谓的后过度期。

【诊断】

"过度"应为"过渡"。音同形似致误。

【辨析】

度，音 dù，形声字，义符是又，声符是省笔的庶（庶、度古音近）。又，手也，甲骨文写作 𠂇，金文写作 𠃌，以三指代手，象手之形。战国的出土陶文"度"写作 𢾮，义符为"攴"。作为表义的部件，"攴"也表示手部动作，与"又"相似。古人测量物体，常以手为标准，一揸一揸地算，所以手在古代便成了最早的测量工具和标准。《汉书·律历志》："度者，分寸尺丈引也，所以度长短也。"可见"度"的本义就是测量长短的标准。这种意义作动词使用时，表示推测、估量，念 duó。如成语"度德量力"，谓估量自己的德行和能力；"审时度势"，指分析时势，估计其发展趋向。后来"度"又引申出限度、尺度、制度、法度、度量、气度之类的意思，也可以表示过，即由此及彼，如"度日如年"之"度"。

渡，亦音 dù，《说文解字》里说："渡，济也。从水，度声。""渡"的本义，就是涉水过河，现在"渡"字组成的词大多也和水有关，如渡口、渡船、渡轮、渡河。渡，有越过的意思，所以也可以组成引渡、过渡。

在表示由此及彼的意义上，"度"与"渡"很容易被混用。两者的区别在于："度"，是与时间相关的概念，如度日、度年、度假等。"渡",指与空间相关的概念,说明从这里到那里,从此岸到彼岸,如渡口、渡头、渡船、渡轮、渡槽、渡河、渡海、过渡、渡过难关、远渡重洋等。应注意"普度众生"的"度"作度化与超度解,故不宜用"渡"。

由此可知,"过渡"和"过度"的意思也大不相同。"过渡",本指横过江河等区域,如苏轼的《荆州》诗:"野市分獐闹,官帆过渡迟。"后来引申表示一种状态发展、变化到另一种状态,如过渡阶段、过渡地段。而"过度"则不然,如果说前面的"过"偏重的是"过程"的话,那么这里的"过"强调的就是"超过"。"过度",就是超过了标准,有点过分了的意思。可见"过渡"强调的是状态和过程,而"过度"强调的则是程度和结果。

链接:"度阴山"和"渡阴山"

《出塞》唐·王昌龄

秦时明月汉时关,万里长征人未还。

但使龙城飞将在,不教胡马度阴山。

这是一首流传千古的唐代边塞诗,被称为唐人七绝的压卷之作。特别是最后一句"不教胡马度阴山"意蕴丰富,令人难忘。在网上检索这一诗句,却呈现两个不同的版本:"不教胡马度阴山":77800 个检索结果;"不教胡马渡阴山":43000 个检索结果。究竟应该是"度"还是"渡"?毫无疑问,应该是前者,因为王昌龄本来就是用的这个字。但是,且慢,我们前文所说的规范用法中,作动词的"度",应该是与时间相关的概念,而这里"度"的可是"阴山",与时间无关,却涉及真正的空间,似乎应该用"渡"才对啊!然而,我们应该知道,前文谈的"度"与"渡"的规范用法,是现代汉语的规范,这个规范当然无法去限制王昌龄,所以,"不教胡马度阴山"才是正确的。

噩｜恶

[病例] 更为噩劣的是对我们前来协调工作的公司领导进行围攻、辱骂。

【诊断】

"噩劣"应为"恶劣"。音同义近致误。

【辨析】

噩，音è，《玉篇》说："噩，惊也。"所以，"噩"的本义可能就是惊恐、惊愕的意思，如噩耗、噩梦。《说文解字》中没有"噩"字，陆德明在《经典释文》里说："噩，或作咢。""咢"即"愕"，其说甚为有理。

恶，音同噩，形声字，从心，亚声。《说文解字》："恶，过也。"《广雅》："恶，不善也。"《易》："君子以遏恶扬善，顺天休命。"可见，"恶"的本义就是罪过、罪恶，如恶人、前恶。"恶"与善相对，也泛指一切有害的、不好的东西，如恶食、恶肉。此外，"恶"还可以读为wù，表示讨厌、憎恨等意思，如厌恶、憎恶。《论语》："唯仁者，能好人，能恶人。"

显然，"恶劣"中的"恶"，表示的正是与"善"相对的概念，而没有惊恐之类意义，所以不能换成"噩"。

生活中"噩梦"与"恶梦"、"噩耗"与"恶耗"屡见，在季旭升教授《汉字说清楚》一书里，提到"噩"与"恶"的区别。季教授认为，"噩梦"一词很早就出现了，《周礼》里就有它，意谓"受惊吓而做的梦"。所以，要是把"噩梦"与"恶梦"的意思作区别，则"噩梦"是指因受到惊吓而做的梦，"恶梦"则指内容令人厌恶的坏梦。至于"噩耗"，就是令人震惊的消息，而"恶耗"，只强调是坏消息。此外季教授还强调，"恶运"就不宜写成"噩运"，因为让人震惊的，可以是极坏的运气，也可以是极佳的运气，都不知说的是好是坏了。其说可从。

链接："噩"字说源

在《说文解字》中，我们似乎找不到"噩"字，但且慢诧异，学者们一致认为，《说文解字》中的"咢"，就是"噩"字。

甲骨文有 、 等字形，以桑树的形象和若干数量不等的"口"（有学者认为是采桑器的形象）会意，这个字就是"丧"字，但同时也是"噩"字。到西周的金文中，这个字写作 、，已经与"丧"字分化，演化为真正的"噩（咢）"字。

从以上的简单梳理，我们不难发现这样一个事实："噩"字原本是与令人心惊肉跳的"丧"互为一体的，所以它后来的意义以"惊恐"为主要内涵也就容易理解了。

废∣费

[病例]其实，中国人既勤劳节俭，又奢侈浪废，二者并行不悖。

【诊断】

"浪废"应为"浪费"。音同义近致误。

【辨析】

废，音 fèi，形声字，从广，发声。从广的字，大多与房屋有关，所以《说文解字》说："废，屋顿也。"屋顿，意思是说房屋坍塌而不可用。这是"废"的本义，后引申为废弃、荒废，也引申为懈怠、沮丧，如旷废、颓废。

费，音同废，形声字，从贝，弗声。从贝的字，大多与钱财有关，所以《说文解字》说："费，散财用也。"即表示用去钱财的意思，如花费、消费。后引申为损耗，如《墨子》："伤形费神，愁心劳意。"

所以，"废""费"还是比较容易区分的。前者多形容荒废不用，而后者多指花费、损耗。前者东西还在，只是没有了使用价值；后者东西已经用出去了，而以其他的方式得到了补偿。所以"废品"要用"废"而不用"费"，因为东西还在；而"消费"要用"费"而不用"废"，因为钱已经花出去了。"浪费"之"浪"，意思是轻易、随便，"费"与之联系在一起表示的是轻易、随便地花费、消费，因此不能写成"浪废"。

值得注意的是，"费话"和"废话"两个词却是同时成立的，但它们的意思并不相同："费话"是话说得多了，"废话"是没用的话，必须留神区分。

链接："广"与"贝"

"广"，今天人们所熟悉的读音是 guǎng，"廣"的简化字。但作为一个常用的汉字部首，"广"则读作 yǎn，表示依傍山崖而建造的房屋。其古文字作 ，正是依山崖而建造的房屋的形象。因此，"广"作为一个部首以房屋为基本意义，如"库""庐""庙""府"等字原本都表示某种建筑形式。"广"的形义之间的这种不谐，乃是时间距离造成的。早期人类并无构建房屋的能力，在居住方式上，只是栖身于山洞或依树而构巢。以后文明渐进，人类便利用自然地势营造居室。"广"当是这一阶段较为常见的人类居室类型。今日在黄土高原上还可见到的窑洞，当是这种较为原始的建筑形式的孑遗。在造字之际，人们极为熟悉这种建筑形式，"广"也就被赋予了"房屋建筑"的意义。

人们把软体动物通称为"贝"。软体动物往往有一层硬硬的外壳来保护自己柔嫩的身体，于是"贝"字便将这种介壳描摹出来作为自己的构形取象。"贝"字的古文字写作 ，描画出一只贝壳的形象。以后字形演变线条平直化，终于演变成了"貝"，汉字简化后又变成"贝"。

贝曾被古人视为珍宝，否则便不会有"宝贝"这个词。追溯历史，不难发现古人曾经把贝壳当作货币来使用。据古书记载，在周代以前，人们所用的货币只是贝壳，周代以后，钱币虽然已经出现，却与海贝同时用于流通。直到秦代，贝壳在流通中的一般等价物作用才停止。因此，"贝"字的一个重要义项就是指古代的货币。"贝"字的这种意义，人们或许已经不太熟悉了，但作为一个部首，表示钱财却是它最基本的用法："钱财"的"财"，"财货"的"货"，"贸易"的"贸"，以及"贵""贱"二字，"贝"在其中都是唯一承担表义责任的义符。可见在古代造字者的心目中，"贝"的货币财富意义是最基本的。

分｜份

[病例] 全聚德的烤鸭份量十足，童叟无欺。

【诊断】

"份量"应为"分量"。音近形似致误。

【辨析】

分，音 fēn，会意字，从八，从刀。《说文解字》："八，别也。象分别相背之形。"所以，"分"的本义就是用刀以分物，表示分开、分割的意思。后引申为分出、派分，及分支、辩白等意义。分，也读为 fèn，表示成分，如水分、养分；也表示缘分、机遇，如白居易《履道西门》中的"豪华肥壮虽无分"。还可以表示限度、分量，如成语"非分之想""恰如其分"。

份，音 fèn，形声字，从人，分声。"份"原是"彬"的异体字，读作 bīn，表示文质兼备的样子。如《论语》的"文质彬彬，然后君子"的前半句，《说文解字》引文为"文质份份"。后指情分、情面，读为 fèn，如："看在妈的份上，别理他。"也指整体里的一部分，如股份、份额。

"分""份"音近形似，都可以表示整体的一部分，所以在使用的时候容易出错。我们来看看这些易混淆的词的区别："分（fēn）子"，指分数中写在横线上的数字，以及物质中保持原物质的一切化学性质、能够独立存在的最小微粒。"分（fèn）子"，指属于一定集团或具有某种特征的人，如知识分子。"份（fèn）子"，指集体送礼时个人分摊的部分，如凑份子。

"分"在读第四声 fèn 的时候，是比较容易与"份"相混的，需要特别注意区分。

只能用"分"的词：分量、成分、天分、处分、成分、情分、职分、水分、糖分、分内、分外、名分、辈分、过分、福分、本分、缘分、非分之想、安分守己、恰如其分等。

只能用"份"的词：份额、双份、份饭、省份、年份、月份、随份子。

仔细体味不难发现，虽然都表示整体的一部分，但"分"的内涵往往比较抽象，而"份"的内涵往往比较具体。

链接："身份"和"身分"

"身份"与"身分"，以其在当代语言交际中的极高频率，或许是最需要加以分析的两个异形词，以下摘录《现代汉语异形词规范词典》的相关说解，以供读者参考：

《现代汉语词典》以"身份"为主条，注明"也作'身分'"。《汉语大词典》以"身分"为主条，注明"亦作'身份'"。《新华字典》同《汉语大词典》。

词频统计：身份 2589，身分 44。

二者为全等异形词。《说文解字》："分，别也。"指分解。引申为区分、区别。《论语·微子》："五谷不分。"就是分不清五谷，不知道五谷的区别。《荀子·不苟》："是君子小人之分也。"就是君子小人的区别。人在社会上的地位、资格是有区别的，这叫"身分"，又写作"身份"，"份"是"分"的俗字。"身分"的"分"是名词性语素，与"性别""级别"的"别"一样，都是"区别"的意思。"身分"的"分"可以写作"份"，这从口语里可以找到证据。口语有"跌份儿"和"摆份儿"的说法。"跌份儿"就是"跌身份"，即降低身份；"摆份儿"就是"摆身份"，也说"做身份"。《儒林外史》第三十四回；"这高老先生虽是一个前辈，却全不做身分，最好顽耍，同众位说说笑笑，并无顾忌。"刘澍德《迷》："当个小股员，就把身份提得那样高、脾气弄得那样大。""把身份提得那样高"，就是"做身份"，用口语来说，也就是"摆份儿"。词频统计表明，"身份"已占压倒趋势。据此，宜以"身份"为推荐词形。

符|苻

［病例］符坚登上寿阳城头，只见晋军军容严整，遥望八公山上草木，以为都是晋国的兵士。至此，自恃能投鞭断流的前秦统治者才心生惧意。

【诊断】

"符坚"应为"苻坚"。音同形似致误。苻坚（338—385），十六国时期的前秦国君，在著名的"淝水之战"中，为东晋所击败。

【辨析】

符，音 fú，形声字，从竹，付声。它是朝廷传达命令或调兵遣将的一种凭证。《说文解字》中说："符，信也。""信"也就是凭证的意思，如"信物""印信"。

因最初是由竹木制成的，故"符"上面是竹字头，后来也有用青铜等金属制作的。符上通常写有文字，用时一分为二，由朝廷和相关官员各执其半，当双方能够配对时才有效。这就叫作"符合"。郭沫若的著名历史剧《虎符》，写的便是战国时魏王宠妃如姬"窃符救赵"的故事。"虎符"是剧中的一个关键道具。由凭证引申指标记，如"符合""音符"。

苻，音同符，形声字，从艹，付声。它的本义为草名，故上面是草字头。《广韵》上释为鬼目草，即枝、叶均可供药用的白英。这是一种多年生的蔓草，茎和叶柄上可见白色柔毛，有清热解毒、化痰止咳的功能。苻又可通莩（fú），即芦苇秆子里的那层薄膜。

可见，符、苻虽只是"竹字头""草字头"之别，但一为信物，一为植物，两者不可混为一谈。

链接：符姓和苻姓

符、苻均可用作姓，不过其来源不同。

"符"出于姬姓。鲁国亡于楚后，鲁顷公有个叫"雅"的后人，曾在秦国担任符玺令，别人就称他为符氏。时间长了以后，"符"便自然而然地成了姓。

"苻"则有个改姓的过程。前秦国君苻坚本不姓苻，而是姓"蒲"。据《晋书》记载，苻坚的祖父名洪，是居住在今西北一带的氐（dī）人。因他家池子中的蒲草长得特别高，简直像竹子一样，长达五丈以上，当时人都视之为奇观，称他们家为蒲家，后便以"蒲"为姓。

晋永和六年，蒲洪被封为征北大将军。有人游说他称王，这正合他的心意，但为了争取民心，他便玩弄了一个花招，故意传出"谶文"说：身上有"草付"字样的人可以为王。据说，他孙子坚的背上，便有明显的"草付"二字。"草付"合在一起，正是一个"苻"字。为了顺应天意，从此以后便改姓"苻"，自称"三秦王"。孙子苻坚即位后，建立了统一北方的大业。

了解一下符、苻二姓的来历，也许有助于我们避免"符姓苻戴"吧。

幅|辐

[病例] 随着全球移动电话使用率的暴增，关于手机幅射会不会影响人的健康的问题已经引起诸多争议。

【诊断】

"幅射"应为"辐射"。音同形近致误。

【辨析】

幅，音 fú，形声字，从巾，畐声。《说文解字》："幅，布帛广也。"所谓"布帛广"，就是指布匹的宽度，本义如此，所以"幅"字从巾得义。"幅"引申后泛指宽度，如幅度、幅员、振幅。还可以用为量词，用于布匹、呢绒、图画等，如一幅画。

辐，音同"幅"，形声字，从车，畐声。《说文解字》："辐，轮辌也。"所谓"轮辌"，是指车轮中凑集于中心毂（gǔ）上的直木，即车条，也称辐条。后引申为聚集，如辐辏（fúcòu），意思是指人或物像车辐集中于车毂一样聚集。也可以引申为扩散和放射，如辐射，指光线、信号、电磁波等由中心向各个方向沿直线发射，如同车轮的车条一样。

可见，除了字音相同，字形有点相似之外，"幅"和"辐"在字义上没有任何联系。"辐射"一词，意思是从一点出发，向外发射，恰如车轮中的辐条。所以，以后再写"辐射"的时候，想想自行车的车轮或许就不会再错了。

链接：说"幅"

形容一个国家领土面积广大，人常道"幅员辽阔"。

某人不爱打扮修饰仪表，则总被说成"不修边幅"；股票指数涨跌的程度，又被称为"幅度"。这些词语，似乎并没有什么关系，但共有的一个"幅"字，却成为它们的联系纽带，不免令人生出疑惑。其实，只要对"幅"字的意义演化轨迹略加清理，便足以弄清它们之间的逻辑关联。

"幅"是一个形声字，"巾"是它唯一的表义符号，"巾"即是纺织品，所以"幅"本指织物的宽度。这种意义，至今仍然常用。纺织是中国传统自然经济中与农耕并列的基本产业，纺织品是人们生活中的基本物品。因此，作为织物宽度名称的"幅"，也就很自然地泛化为一般宽度的名称。于是，物体振动、摇摆所展开的宽度（如股指振荡）便被叫作"幅度"，而"幅员"之"幅"指国土的宽度。

织物的宽度，以两边为界，所以"幅"又指织物及衣裳的边缘，于是又有了"边幅"一词。人们装饰打扮，一般要在衣装上做文章，而修饰衣装，传统的基本手段则是装饰衣服的边缘，"缘"字的本义就是"装饰衣边"，"边幅"这个专名的产生，自然是以相应的历史文化现象作为依据的。在中国古代礼法制度中，只有丧服等特殊用途的衣装才规定不饰衣边。因此，在传统观念里不饰衣边无疑是最不讲究仪容的一种表现，"不修边幅"也就自然产生了。

付｜副

[病例]自治区扶贫办付主任马崇林一行在付县长赵军文的陪同下，深入我乡周段村实地了解我县整村推进扶贫开发项目实施情况。

【诊断】

"付主任""付县长"应为"副主任""副县长"。文字书写不规范致误。

【辨析】

副，音 fù，形声字，从刀，畐声。《说文解字》："副，判也。""副"的本义就是判别，即用刀把一个东西分成两半，籀文写作"疈"，字义甚明。字义引申后用作量词，表示成套的意思，如一副对联、全副武装。也可以由判别义引申为符合的意思，如成语"名副其实""名不副实""盛名之下，其实难副"，就是把"名"和"实"看作事物的两个方面。

"副"字现在最常用的意思就是居于第二位的、辅助的、次于的，区别于"正"或"主"，如"正校长"以下是"副校长"，"正本"以外是"副本"，协助"正手"的叫"副手"，辅助"主业"的叫"副业"。

付，音同副，会意字，金文作𠈈，从又（又即手），从人，表示以手持物对人。所以，"付"的本义就是给予、交付，如支付、收付、付款。另外，"付"字还可以作量词用，如"一付中药"，这个用法的"付"与"服"相同。

可能是为了图方便，现在人们常常用这个字代替"正副"的"副"，如"付食店、付标题、付主任"等等写法，毫无疑问，都是不符合规范的。

链接：傅、付、副

在现实生活中，还有人图省事，将姓"傅"的"傅"也常写成"付"。如果某单位有一个姓"傅"的正主任，又有别姓的副主任，把"傅""副"都写成"付"，下级打来报告，称"请提交付主任批示"，人们就会不知所措。如果上一级的局长也发来文函，"交付付（傅）付（副）主任办理"，就更要乱套了。

抗日战争时期，北京大学、清华大学和南开大学迁往昆明，组成西南联合大学，但仍保留各校建制。北京大学成立文科研究所，由傅斯年任所长，郑天挺任副所长，于是学生戏作一联曰："傅所长是正所长，郑所长是副所长，正副所长治研所；贾宝玉是真宝玉，甄宝玉是假宝玉，真假宝玉共红楼。"至今传为文坛佳话。

复｜覆

[病例]《在天翻地复的时代里：米谷政治讽刺画集》由人民美术出版社出版。

【诊断】

"天翻地复"应为"天翻地覆"。音同致误。

【辨析】

复，音 fù，是"複"和"復"的简体字。

複，从衣，复声。本义为夹衣，即古代的一种双层衣，外层是家织布（一种纹路很粗的土布），里层填以薄棉布，功能相当于现在的毛衣外套。因其性能既保暖又结实，所以盛行于春秋两季。后引申为"繁複""重複"。

復，音与"複"同，都从复声，义符为彳（chì），表示回来、回去的意思。如屈原的《九章》"至今九年而不復"，后来由回来、回去义又引申为恢复，如"平復""復位"。"復"在古代有时可以和"複"通假，但只适用于表示"夹层"的意思，如"復道"也可以写成"複道"。此外，"復"从"来、往"的本义，还可以引申出对别人的问题进行回答的意思，如"回復""答復""復函"。

覆，也念 fù，从襾（yà），复声。《说文解字》："覆，覂也。一曰盖也。"也就是用布把东西遮住，掩蔽的意思，这是"覆"的本义。把一个物体盖在另一个物体的上面，那么上面的物体往往就需要翻个个儿，如把一只碗盖在另一只碗上，上面那只碗的位置一定要被颠倒过来，所以"覆"又引申为翻转、倾倒，如倾覆、颠覆、天翻地覆、全军覆没。

此外，由翻转义，"覆"还可以表示转过去或转回来，如翻来覆去等。

因为"复（復）"所表示的"来、往"意义和"覆"所表示的转过去或转回来的意义非常接近，又因为"覆"一度被简化为"复"（1964 年发布的《简化字总表》中，曾将"覆"简化为"复"。但在 1986 年重新发表的《简化字总表》作了调整，"覆"不再作"复"的繁体字处理，即"覆"不再简化为"复"），所以两者在日常使用中容易混淆。如何加以区分呢？总的原则是："覆"主要表示垂直方向上的翻转来回，"复"则表示一般的往来，因此在表示事物纵向翻转颠倒时必须用"覆"，如"覆巢之下无完卵""覆水难收""天翻地覆""天覆地载""重蹈覆辙"等，"覆"不可换成"复"。"答复"与"答覆"、"复信"与"覆信"属于异形词，因为这些词通常只涉及一般意义上的往来，所以"复信""答复"成为推荐形式。

链接："覆水难收"的出典

"覆水"，就是倒水的意思。"覆水"一词最早见于范晔的《后汉书·何进传》"覆水不收，宜深思之"，是何苗劝告何进罢手，不要诛杀宦官的话。而"覆水难收"则来源于姜自牙夫妇的故事。

据宋朝人王茂的《野客丛书》记载，姜子牙年轻时曾在商朝为官，因不满纣王的残暴，弃官而去，做起了种田卖肉的营生。可姜子牙不善此道，越做越亏本，最后弄得捉襟见肘，日渐贫寒。妻子马氏看到这种情况，心灰意冷，欲弃之而去。姜子牙一再苦劝，说将来有朝一日一定会得到荣华富贵。可惜马氏不为之所动，认为姜子牙说的全是骗人的话，终于弃他而去。

后来姜子牙被文王发现，得以重用，灭商兴周，封地于齐。马氏知道了以后，深为后悔，欲与之恢复夫妻关系。但姜子牙已看透了马氏的为人，不愿意再与其一起生活，便将一壶水倒在地上，叫马氏把水收起来。马氏立即趴在地上，用手使劲划拉，弄得满身都是泥水，却只收到一些泥浆。于是姜子牙冷冷地说："若言离更和，覆水定难收。"覆水难收，亦由此而起，比喻事情已成定局，难以挽回。

秆|杆

[病例] 以前，农民因为家里要用麦杆做燃料，所以不在田里烧麦杆，现在因为改烧电、烧气了，麦杆不作燃料，又无处存放，因此就在田间烧掉了。

【诊断】

"麦杆"应为"麦秆"。音同形似致误。

【辨析】

秆，音 gǎn，繁体字写作"稈"从禾，旱声。秆，以禾为义符，本义为禾茎，现泛指稻蔬禾黍等植物的茎，如秸秆、麦秆。

杆，音同秆，繁体字写作"桿"，从木，旱声。意思是指器物上像棍子一样的细长部分，如烟杆儿、枪杆儿。后来渐渐地演变成了量词，如"缴获了几杆枪"。"杆"还有个读音 gān，表示长木棍，如旗杆、电线杆子。

显然，"麦秆"之"秆"为禾黍类植物的茎，所以不能用"杆"。

"木"与"禾"形义皆近，故从"木"与从"禾"字易被混用。下面列出若干从"木"与从"禾"字，并附以《说文解字》释义，或可有助于读者加以分辨。

秒，禾芒也。从禾，少声。

杪，miǎo，木标末也。从木，少声。

芍，diǎo，禾危穗也。从禾，勺声。

杓，biāo，枓柄也。从木，从勺。

稭，jiē，禾稿去其皮，祭天以为席。从禾，皆声。

楷，jiē，木也。孔子冢盖树之者。从木，皆声。

䅯，páng，䅯程，谷名。从禾，旁声。

榜，所以辅弓弩。从木，旁声。

由此可见，从禾的字，通常只能形容细小柔软的东西，而从木的字，则可以形容一些坚硬而牢固的东西。于是，"秆""杆"之异，一日了然。

链接："竿""杆""秆"

这些字的读音相似，字形又比较相似，所以在日常生活中张冠李戴的情况层出不穷。其实只要对它们的字形稍加留意，还是很容易把它们区分开来的。

竿，从竹，干声。竹字头跟竹子有关系，所以"竿"指竹竿，所组词语与竹子原料有关。"钓竿"现在多用塑料来做，但仍沿用"竿"字，在农村的很多地方仍然有用竹子做成的钓鱼竿。

杆，从木，干声。所组词语多与木头有关，如栏杆、桅杆、秤杆、电线杆等。

秆，从禾，干声。禾是禾苗，所组词语多指某些植物的茎，如秸秆、麦秆、麻秆等。

有位朋友在一次有关规范用字的讨论中，曾开玩笑地提出："现在的电线杆不用木头而用水泥了，这电线杆的'杆'要不要也改一改？"当然这是不必要也不可能的，汉字字形具有超时空的稳固性，约定俗成，众多形声字是不能任意"改形"的。这个道理，在这里就不展开了。

含｜涵

[病例] 我新来乍到，不懂规矩，还请海含。

【诊断】

"海含"应为"海涵"。音同义近致误。

【辨析】

含，音hán，形声字，从口，今声。《说文解字》："含，嗛也。""含"的本义指含在嘴里，如《庄子·马蹄》："含哺而熙，鼓腹而游。"后引申为容纳、包含，如含元（包含万物的本原）、含气（含藏元气）、含孕（孕育）。也引申为忍受、含而不露，如成语"含悲茹痛""含冤未雪"。

涵，音同含，形声字，从水，函（hán）声。"函"古文字作⧈，象藏矢于函中之形，本有包涵的意义。《说文解字》："涵，水泽多也。""涵"的本义即水泽众多，故从水。引申为包含、包容，如涵容、涵盖。也引申为包涵、宽容，如涵忍、涵谅。还引申为沉浸，如涵泳（在水中潜行，即游泳，也指沉浸、熏陶）、涵浸（浸渍，滋润）。

"含"与"涵"都有包含、包容的意思，但用法不尽相同。"含蓄"与"涵蓄"通用，但一般都用首选词形"含蓄"；"含义"与"涵义"也通用，但一般都用首选词形"含义"。反映概念的内容，称"内涵"；某一事物包括、包容某内容，称"涵盖"：都只能用"涵"。表示人能控制情绪的修养功夫叫涵养，与此有关的涵容、包涵、海涵等，不能用"含"。若表示内藏而不外露的，如含笑、含羞、含悲、含泪、含怒、含恨、含冤、含苞欲放等，只能用"含"，不能用"涵"。

此外还应注意，"包含"与"包涵"两个词常常误用。"包含"义为里面含有，而"包涵"一般用于客套，表示请人原谅。

链接：玉含

含，还可以读为 hàn，义为古代丧葬时放在死人口里的珠玉，也写作"唅"或"琀"。《说文解字》："琀，送死口中玉也。"《公羊传》："含者何，口实也。"据古书记载，"含"的种类很多，而且要和身份相配："天子用玉，诸侯用璧，士用米贝。"不过，在实际操作过程中，这个标准并没有得到严格执行。《谷梁传·隐公元年》："贝玉曰含。"《荀子·大略》："玉贝曰琀。"《庄子·外物》："生不布施，死何含珠为？"在送葬的含中，多以珠玉为主，尤其是从出土的文物来看，周朝之后以玉含居多。

为什么要用玉？西晋葛洪在《抱朴子》中说："金玉在九窍，则死人为不朽。"这话道出了当时人们使用葬玉的目的。古人认为玉器有特殊的功效，施覆于人体各部位可以保护尸体，防腐朽。而且在传统的文化中，玉有五德，所以君子行必佩玉，死了当然也不例外。更何况，带玉入殓，还可以寄托来世金玉满堂的美好愿望。所以在陪葬品中，玉得到了广泛的使用，比如汉朝的皇帝、诸侯王和一些高级贵族的墓穴中，就常配有玉衣、玉含、玉握、九窍塞、玉枕、玄璧和镶玉棺等玉器。

在玉含的各个形状中以玉蝉的使用最为长久，从汉魏到六朝，一直流行不衰。以蝉作玉含，可能与蝉的生态特点有关，冀望死者像蝉一样，在土中复生。正如一个诗人所写的那样："今天，我入土，像蝉的幼虫一样。不要悲伤，这不叫死。有一天，生命会复活，会展翅，会如夏日出土的鸣蝉……"即便死，也充满了希望。

和|合

[病例] 这些犯罪分子之间其实早已是同床异梦、貌和神离。

【诊断】

"貌和神离"应为"貌合神离"。音同义近致误。

【辨析】

和，最早读 hè，形声字，从口，禾声。"和"也写作"咊"，表示声音相应和的意思，如《后汉书》："阳春之曲，和者必寡。""和"即跟着唱或伴奏的意思。也引申为响应、附和，如成语"随声附和"。此外，"和"在古代还写作"龢"，读为 hé，《说文解字》："龢，调也。"表示协调、和谐之义。后引申为和顺、喜悦，如和颜悦色、心平气和。也引申为融洽、和睦。此外，"和"还可以用为连词，表示并列关系。

合，音 hé，会意字，从亼（jí），从口。"合"古文字写作 𠆢，亼象器盖之形，《说文解字》："合，合口也。"就是在器口盖上器盖的意思，所以"合"的本义指闭、合拢，与"开"相对。如笑得合不上嘴。后引申为聚合、联合，也引申为匹配、符合。此外，"合"也有融洽、和睦的意思，如《诗经·常棣》："妻子好合，如鼓瑟琴。"

与声音的应和及器盖相合的本义差异相应，"和""合"的区别在于："和"一般强调非具象的和谐，注重本质的交融；而"合"注重表达一种闭合现象，和"分""开"相对，如分分合合、分久必合。所以"貌和神离"应为"貌合神离"，强调表面关系密切。

链接："一合酥"与"一盒酥"

初中课文《杨修之死》中有一个关于"拆字分酥"的故事。有一天，塞北送来一盒酥。曹操因有事，在盒子上写了"一合酥"三字之后，放在桌上便匆匆离去了。过了一会儿，杨修来了，看见桌上有酥，就取了匙子和大家分着吃了。曹操回来，一看酥没了，觉得很奇怪，就问身边的人是怎么回事。大家说被杨修吃了。杨修见曹操责怪，笑着说："盒子上明明写着一人一口酥，我们怎敢违背丞相的命令呢？"曹操听了以后大笑，但心里却对杨修更加厌恶起来。

某版本的初中语文课本中把"合"写作"盒"，这段文字就成了"操自写'一盒酥'三字于盒上，置于案头"。很明显，曹操当时不可能写"一盒酥"，而只能是"一合酥"。为什么呢？古人书写方式为竖写，写为"一合酥"与后面杨修与众分食的理由"一人一口酥"正好相符。否则"一人一口皿酥"，不好解释。查人民文学出版社新版的《三国演义》，果然是说曹操写的是"一合酥"。那么，课文为什么要改成"一盒酥"呢？《说文解字》只收有"合"字，没有"盒"字，而"合"可以表示一种容量单位，即一升的十分之一，大约20立方厘米，显然，这样一种容量单位，跟今天的"盒"差不多，曹操写的"一合酥"之"合"，应该就是用的这个意义。课文的编者可能只是注意到了"合""盒"二字现在的使用规范，而改"合"为"盒"了。似乎还有更好的办法，课文还是应该保持"一合酥"的原貌，而给"合"加注释，说明古汉语中"合"为容量单位，相当于"盒"，音读 gě。

这个故事，或许也能帮助我们分辨"合"与"和"不同的意义内涵吧。

宏 | 弘

[病例]上百亩的黄色花海和高耸的宫殿"菊花台"成了景区最惊人的场景,数十万朵黄色假花和上百米的华丽露天地毯,将整个场景装点得气势恢弘。

【诊断】

"恢弘"应为"恢宏"。音同义近致误。

【辨析】

宏,音 hóng,形声字,《说文解字》:"宏,屋深响也。从宀(miǎn),厷(gōng)声。"根据段玉裁《说文解字注》,"屋深响"之"响"是个衍文,即误增的文字,那么,《说文解字》对"宏"本来的解释,就是房屋深广的意思。由此本义再引申,又表示一般的大,如《尔雅》:"宏,大也。"今日常用的相关词语则有宏大、宏伟、宏论等等。

弘,音同宏,形声字,《说文解字》:"弘,弓声也。从弓,厶(gōng)声。"厶,古文肱字,本义是指拉弓射箭的声音。弓要拉满,箭才能射得远,声音也自然很大,匈奴人便有一种叫作"鸣镝"的箭,是匈奴王的宝贝。所以"弘"也有大的意思,如弘图、弘旨、弘愿。又可引申为动词,表示扩充、光大,如弘扬。

"宏"和"弘"都有大的意思,而且意思相当近,所以常常可以相互替用,形成异形词。宏论与弘论、宏图与弘图、宏愿与弘愿、宏旨与弘旨是四组异形词,前者都是推荐形式。弘扬与宏扬也是异形词,仍以前者为推荐形式。仔细体味其中的缘由，不难发现"宏"和"弘"在规范中有这样一种分工：涉及形容词的"大"（前四组异形词都是），用"宏"；涉及动词的"大"（后一组异形词），用"弘"。当然，这种分工其实与"宏""弘"本来的意义内涵相符。所以"宽宏大量"不宜写作"宽弘大量"，"弘扬文化"也不宜写作"宏扬文化"。"恢"与"宏"构成的是形容词，而"恢"与"弘"构成的是动词，在描摹事物的状态时，应该写成"气势恢宏"，而不作"气势恢弘"。

链接："宏"与"大"

凡言"大"，每每少不得一个"宏"字：如"宏伟"表示宏大雄伟，"宏量"义为大度，"宏烈"谓伟大的功业，"宽宏大量"谓待人宽厚、度量大、能容人。然而"宏"字能够表示"大"，是与其本义"屋深"相联系的。但是"房屋深广"之义，未见于实际文献语言。在历代文献中，"宏"都普遍表示抽象的"大"义，并受屋的限制。

其实，在中国人传统的文化心理中，房屋是具有"大"的内涵的。以下诸字，各自从不同的角度说明了这一点。

"宇宙"之"宇"，在我们现代人的观念里是一个无限空间概念，如"宇航"是指漫游大空，"宇内"说的是全天下。这一概念也是从古人那里传承而来的。《淮南子·齐俗训》里"四方上下谓之宇"，这与我们今天对"宇"的理解基本一致。然而，观察"宇"字构形，我们却可发现，"宇"字的表义符号只是"宀"，"宀"作为汉字表义部件表示房屋建筑，故"宇"字本义乃是"屋边"（《说文解字》）。所谓"屋边"，也就是"屋檐"。

"审察"之审，本表示"详知"，其小篆从"宀"从"采"会意。"采"的意义同"辨析"之"辨"，它同"宀"

之所以能够"会"出"详知"的意来，当然也是因为"宀"被视为具有无所不包的性质。

"审察"之"察"，本表示"详审细究"，而其构字理据则是"从宀，祭声"（《说文解字》）。段玉裁则认为"察"中的"祭"还兼表义，"从祭为声，亦取祭必详察之意"。然而，无论哪种说解，都不影响"宀"在"察"中也具有无所不包的内涵。

其他如"宽大"之"宽"，从"宀""苋"声；"包容"之"容"，从"宀""谷"声；"完备"之"完"，从"宀""元"声；"丰富"之"富"，从"宀""畐"声等。这些字都可以说明同样的问题。

很显然，无论是将"屋边（宇）"引申为"四方上下"，还是取象于房屋的"宀"包容一切的义蕴，都传递了一种注重房屋（人工建筑）并以之为自己生存世界所有事物包容者的传统文化心理。由此我们不难想到女娲补天神话传说中"往古之时，四极废，九州裂，天不兼覆，地不周载"的描绘。先民心目中天塌地陷的远古惨祸，不过是自然界这所大房子的轰然倒毁而已；我们也很容易从护卫国家的万里长城、环绕每个城市的郭墙乃至村寨的土围子木栅栏、家庭的四合院等各个层次的自我封闭式人工建筑中体悟到这种传统意识所生成的某些物质基础。

由此可见，以"宏"表"大"，是传统文化心理使然。

慌|惶

[病例] 我这两天依旧诚慌诚恐，甚至寝食难安。

【诊断】

"诚慌诚恐"应为"诚惶诚恐"。音似义近致误。

【辨析】

慌，音 huāng，形声字，从心，荒声。《玉篇》："慌，慌急也。""慌"的本义是指慌乱、着急、不沉着，如慌张、慌忙。《水浒传》第二十一回："今早走得慌，不期忘了。"

惶，音 huáng，形声字，从心，皇声。《说文解字》："惶，恐也。"《广雅》："惶，惧也。""惶"的本义就是害怕、恐惧，如惶恐不安、惶惶不可终日。《战国策》："秦王方还柱走，卒惶急不知所为。"《马汧督诔》："圣朝西顾，关右震惶。"

"慌""惶"都有慌乱的意思，不过"慌"侧重外在的不沉着、不冷静，而"惶"侧重内心的害怕和恐惧。"慌"的程度较浅，而"惶"的程度较深。"惊慌"表示吃惊慌张，而"惊惶"则表示惊恐害怕。至于"诚惶诚恐"，主要表示内心的恐惧不安，现在已广泛用以形容小心谨慎以至于害怕不安的样子，所以只能用"惶"而不能用"慌"。

链接："慌"与"惶"的构词

观察一下"慌""惶"所构成的词，或许可以帮助我们分辨两者差异。择列若干如下，并附《汉语大词典》的释义，以供参考。

慌乱：慌张，混乱。

慌忙：急忙。

慌神：心神慌乱。

慌里慌张：慌乱，不沉着。

慌手慌脚：形容急迫忙乱，慌张失措的样子。

心慌意乱：内心惊慌，思绪紊乱。

惶惑：疑惧，疑惑。

惶遽：恐惧，慌张。

惶恐：恐惧，惊慌。

惶然：恐惧不安貌。

惶惶不可终日：形容心中惶急，觉得一天也过不下去。

汇|会

[病例]各路红军于1936年10月在陕北胜利汇师，
完成了长征。

【诊断】

"汇师"应为"会师"。音同义近致误。

【辨析】

汇，音huì，形声字，繁体字写作"匯"，从匚（fāng），
淮声。匚，是古代的一种方形盛物器，"汇"以匚为义符，
可见"汇"的本义可能是指一种盛水之器。后引申水流聚集，
如汇流、汇合、百川所汇。汇，还是"彙"的简化字，因此，
由"彙"组成的词，一律用简化字"汇"，如汇编、汇释、
汇刊、汇报。后来由许多东西聚集而成的东西，也叫"汇"，
比如字汇、词汇。一个东西由一个地方转移到另一个地方也
叫汇，如汇款、汇兑。

会，音同汇，会意字，繁体字写作"會"，甲骨文中
写作🝓，金文中写作🝓，△是器盖，🝓象盛物之器，⊟、🝓表
示器中所盛之物。如此构形，具有会合之义。后来"会"在
金文里也写作🝓、🝓，从辵（chuò，行走的意思），从合，
更强调会合、聚会的行动义。"会"表示会见、会面，也
特指盟会、宴会，如《史记》："与秦王会渑池。""会，
盟也。"《古诗十九首》："今日良辰会。"会，指宴会。
此外，"会"还可以表示时间，表示时机、机会，如成语"适
逢其会"，并由此引申出副词正好、恰巧的意义。

"汇""会"二字在表"合"义时，往往可以通用，

如"汇合"与"会合"、"汇演"与"会演"。但在特定的语境里，"会"和"汇"又有所分工："会"字有"共同、一起"的含义，如会考、会试、会谈、会同、会晤、会诊，主语是人，而"汇"字不能用在这种语境。"会"有理解、领悟的意义，如领会、体会、意会、会心一笑，"汇"字也无此义。从句子看，"胜利会师"的主语显然是人，所以不能写成"汇"。

链接："融会贯通"的"会"

"融会贯通"之"会"在现代汉语中有相当高的使用频率。弄清楚这个"会"，可以帮助我们分清它和"汇"的界限。故将相关词语罗列如次，并附《汉语大词典》的释义，以供参考。

"只可意会，不可言传"，语出《庄子·天道》："意之所随者，不可以言传也。"后以"只可意会，不可言传"谓只能心领神会，无法用语言来表达。

"会心"：领悟；领会。南朝宋刘义庆《世说新语·言语》："简文入华林园，顾谓左右曰：'会心处不必在远，翳然林水，便自有濠、濮间想也。'"

"会意"：六书之一。用两个或两个以上的字，依据事理加以组合，表示出一个新的意义的造字法。如拼合"日""月"两字，成一"明"字，表明亮、光明之义。《〈说文解字〉序》："会意者，比类合谊，以见指㧑，武、信是也。"（参见"六书"）

"心领神会"：内心深刻地领会。元末明初吴海《送傅德谦还临川序》："读书有得，冥然感于中，心领神会，端坐若失。"

"神会"：在心神上领会。隋王通《中说·关朗》："淹曰：'敢问藏之之说。'子曰：'泯其迹，闷其心，可以神会，难以事求，斯其说也。'"

"神会心融"：犹言融会贯通。明宋濂《元隐君子东阳陈公先生鹿皮子墓志铭》："余悉屏去传注，独取遗经，精思至四十春秋，一旦神会心融，灼见圣贤之大指。"

"体会"：体验领会。《朱子语类》卷五："却是汉儒解'天命之谓性'，云'木神仁，金神义'等语，却有意思，非苟言者。学者要体会亲切。"

浑｜混

[病例]"商家使出混身解数展示自身的产品"——一则网络新闻标题

【诊断】

"混身解数"应为"浑身解数"。音同义似致误。

【辨析】

浑，音 hún，形声字，从水，军声。《说文解字》："浑，溷流声也。一曰洿下皃。""溷流声"，即水喷涌声；洿，音 wū，即"污"字异体，本义是指低凹之地，亦特指池塘；"皃"即"貌"。所以"洿下皃"，就是洼地底部的意思，引申为浑浊、污浊。如《老子》："旷兮其若谷，浑兮其若浊。""浑"还有全、满、整个的意思，如浑身解数。而浑身解数的"浑"如果换成"混"就毫无道理了，因为"混"并没有全、满、整个的意思。

混，音 hùn，形声字，从水，昆声。《说文解字》："混，丰流也。"丰，就是多的意思。所以"混"的本义是指水势盛大。后引申为杂糅、混合，也引申为浑浊、冒充、苟且过活等义，如蒙混、混日子、混一张文凭。"混"另读作 hún，同"浑"在浑浊、糊涂、不明事理方面的意义。

"浑水摸鱼"常和"趁火打劫"搭配，比喻趁混乱的时候从中捞取利益。但是在生活中，也有人喜欢把"浑"写成"混"，以为是混在水里捉鱼的意思，其实这是望文生义的解释。"浑"是浑水的意思，只有在浑浊的水中，鱼才会晕头转向，人们乘机摸鱼，才能得到意外的好处，所以还是写成"浑水摸鱼"更加符合规范。

链接： 为什么"混蛋"比较好

"浑蛋"和"混蛋"是异形词，而后者是推荐形式。"混蛋"为什么能够得到推荐的待遇？《现代汉语异形词规范词典》作了如下解释：

《现代汉语词典》以"浑蛋"为主条，注明"也作混蛋"。《新华字典》《辞海》均未收。《汉语大词典》二词均收，释义相同。

词频统计：混蛋6，浑蛋0。

二者为全等异形词，"浑""混"二字同源。《说文解字》："浑，溷流声也。"段注："溷，乱也。……今人以水浊为浑。"又："混，丰流也。"段注："满盛之流也。……今俗读户衮、胡困二切，训为水浊，训为杂乱，此用混为溷也。"又："溷，乱也。一曰水浊貌。""混""浑"的语素意义各有所偏，"混"偏乱义，"浑"偏浊义。"混蛋"的"混"有搅乱、添乱的意思。根据理据性和通用性原则，宜以"混蛋"为推荐词形。

即｜既

[病例] 浪漫是一种情怀，心中有了这种情愫，既使是做饭、拖地、养花这样平实的事情也有了特别的意味。

【诊断】

"既使"应为"即使"。音近形似致误。

【辨析】

即，音 jí，会意字，本写作"卽"，从皀（bī），从卪。"卽"，古文写作⿰皀卩，左边皀，象盛满食物的食器，右边卪，象跪地之人。两者会合起来，表示人靠近食器吃饭的意思。《说文解字》："即，即食也。"说的就是这个意思。"即"多表示接近、靠近的意思，如可望不可即，《诗经·氓》："匪来贸丝，来即我谋。"后引申至、到等义，如即位。庾肩吾诗："青袍异春草，白马即吴门。""即"表示到、开始从事的意思。

"即"还可以指代时间，表示当下、目前的意义，如即日、即刻、高考在即。此外，"即"还可以用为连词，表示假若、尽管、即使的意义，如《左传》："即欲有事，如何？""即"义为假若。鲁迅《花边文学·倒提》："倒提着鸡鸭走过租界……即顺提也何补于归根结蒂的命运。""即"表示即使。

既，音 jì，会意字，本写作"旣"，从皀，从旡（jì）。"既"古文写作⿰皀旡，左边是皀，仍是食器，右边旡，象扭头朝后看的人。为什么这个人会用后脑勺对着食器呢？那是因为进食已毕。所以"既"字最基本的意义要素就是"完毕"。

这一点对"既"字的后世通行意义影响巨大。比如"既"在现代汉语中多表示已经，如"既往不咎"之"既"，而这一意义实质上也就是前一时间段终结完毕，是"完毕"意义的直接引申。"既然""既而"，是"既"字更常见的用法，但实际上也同样是强调了对已经过去的事实的认定，故也与"完毕"有着直接关联。至于"既"与"又""也"等词呼应，表示两种情况兼有的用法，本质上也发端于对已有状况的肯定。如"既聪明又勤奋"，所表达的意思首先是对某人聪明秉性的肯定，也对其勤奋品质加以认同，所以是"既然，已然"意义的引申。

所以，对"即"和"既"最简单的一个区分方法是：如果事情还没发生就用"即"，如果已经发生了就用"既"。因此，表示假设关系的"即使"不能写成"既使"，同时表示承接关系的"既然"也不能写成"即然"。

链接：古人的"吃相"

"即"的古文字写作🐾，"既"的古文字写作🐾，从中不难发现，古人的吃相比较特别——跪着吃。既然是跪着吃，当然就不需要桌椅板凳，所以在中古时代（约为唐宋——"桌"字见于宋代陈彭年等编修的《广韵》，而为唐宋以前文献所未见）以前，古人的家具似乎只是席、几、案之类比较贴近地面的东西。"几"字今日已经很少单独使用了，但从"茶几""窗明几净"等词语中，我们可以领悟，"几"的意义类同于"桌"。当然，"几"与"桌"的具体所指还是有区别的，今日所谓"茶几"要比一般的"桌"低矮得多，由此可知，"几"本来是一种低矮的桌子。"几"的低矮，可以从与它对应的"桌"中折射出来。

而当跪地的居家习惯改变以后，人们又不能不把原本的几加高。几既加高，似乎就不太像几了，于是人们便给它起个新的名字——"桌"。为什么叫"桌"呢？因为"桌"字中有着"高"的内涵。其实，"桌子"的"桌"，本来写作"卓"，《宋诗钞·徐积〈谢周裕之〉》："两卓合八尺，一炉暖双趾。"其中的"卓"，实际表示的就是"桌"。而"卓"就有"高"的意思，所谓"卓越"，就是高明。可见，人们正是因为视后来代替几的桌有"高"的特征，才给它起名为"卓"，以后又把这个专名的"卓"改造成"桌"——"桌"字实际是以"卓""木"构形，"木"与"卓"下部的"十"并画性省减。"木"表示桌子的基本质料，"卓"表音兼表义。显然，"即""既"二字如果产生于有"桌"之后，定然是另外一番面貌了。

急|亟

[病例]《意见》指出，当前，县域经济社会发展进入了重要战略机遇期和基层各种矛盾的凸显期，虽然目前县党政队伍的情况总体上是好的，但也存在一些问题急待解决。

【诊断】

"急待解决"应为"亟待解决"。音同义近致误。

【辨析】

急，音 jí，形声字，从心，及声（小篆"急"字作急，上部构件及即"及"字）。以"心"为义符，所以"急"的本义和"心"有关，指人的性情急躁，如《韩非子·观行》"西门豹之性急"。现在我们用的"着急""性急"，说某人心急吃不了热豆腐，用的仍是"急"的本义。急躁的人虽然做事慌张，但行动起来还是很快的，所以"急"又有了急速、急迫的意思，如《水经注》："水流迅急，势同三峡。"成语"急转直下""急风暴雨"之"急"即用此义。又可以引申为急需的、紧急严重的事情，如《盐铁论》"盐铁之利，所以佐百姓之急"（佐：帮助解决），成语有"当务之急"，"紧急""救急"之"急"都是这种意义。

亟，音同急，会意字。《尔雅·释诂》里面说："亟，疾也"，"速也"。"亟"的这种急速的意义，大致与"急"同，所以古人作注的时候常用"急"来解释"亟"。如《诗经·七月》："亟其乘屋，其始播百谷。"郑玄注："亟，急。"《史记·陈涉世家》："趣赵兵，亟入关。"司马贞索隐："亟，急也。"《汉书·贾谊传》："秦世之所以亟绝者，其辙迹可见也。"颜师古注："亟，急也。"

可见，"亟"与"急"古代在表示急速的意义上是相通的。在现在的语言文字规范中，"亟"与"急"在这个意义上的区别是："亟"的使用比"急"更正规，程度也更深，如"亟务"侧重紧要之事，而"急务"则指急需办理之事。所以，在官方文件中"jí待解决"，习惯用"亟"而不用"急"。

亟又音 qì，义为"屡次"，这个意义，与急无关。

链接：关于"亟"的造字意图

关于"亟"字，许慎在《说文解字》里说："亟，𠧪，敏疾也。从人、从口、从又、从二。二，天地也。"宋朝人徐锴进一步解释说："亟，承天之时，因地之利，口谋之，手执之，时不可失，疾也。"意思是说，要在天时地利的情况下，把握好机会，抓紧时间，机不可失，时不再来。那么事实真的如此吗？

随着对金文、甲骨文研究的深入，我们发现徐锴的解释其实是对《说文解字》的一种附会，至于为什么"亟"字会意，怎么"会意"，连许慎自己也搞不清楚。

"亟"字，甲骨文写作，仅从人、从二，金文写作，除从人、从二之外，还从口、从攴，"又"应当是"攴"字的简省，表示敲打之意。关于"亟"字的解释历来很多，较具有参考价值的有以下几种：1."二"象山隘之形，"亟"表示人在隘中被追赶发出惊呼。从，表示抓人，从口，象人惊呼的样子。2."亟"字为形声字，以"一"或"心"表义。如"亟"字汉瓦写作，从一、敬声，《侯马盟书》写作，从一、敏声，也有写作从心的，如。3."亟"是"極（极）端"的"極"的本字，人立于天地之间，上达天，

下达于地，后来引申为到达、至高无上等意思。4."亟"是
"殛"的本字，象人夹在两个夹板之中被拷问之形，表示诛
杀之义。5."亟"字象牧人拿着鞭子赶羊之形，赶羊动作要快，
要利索，所以"亟"有急忙的意思，训为"敏急"，敏是敏
捷，急是急切。"二"，象来回赶羊之形。

　　这些解释往往是针对不同时代的文字构形作出的，各
有其参考价值，但是不是都准确，一时还很难以定论，只能
有待继续考证了。

记|纪

[病例]《财富》世界500强企业排名昨天新鲜出炉,中国有18家企业上榜,其中内地上榜企业由去年的14家增加至15家,再创新的记录。

【诊断】

"记录"应为"纪录"。音同形似致误。

【辨析】

记,音jì,形声字,从言,己声。本义为记载、记述,后来成为一种文体,包括奏记、游记和杂记,如《小石潭记》《岳阳楼记》。

纪,音同记,也是个形声字,从糸(mì),己声,本义为找出散丝的头绪,后来引申为法度、准则及治理、管理,如纲纪、法纪。此外,纪还是古代的一种计年单位,或12年为一纪,或一代为一纪。纪在作姓氏时,读上声jǐ。

古代"记""纪"在表示记载的意思时,有时可以互通,但是汉字规范化以后,"记""纪"各归其类,则有了不同的分工。比如:"记录"用于把听到的话或事写下来,即指"记录"这种行为;也指发出这种行为的人,即记录者;以及这种行为所产生的结果。如:"请把我的话记录下来","今天开会,小李担任记录","给我看一下会议记录"。

而"纪录"则通常用于指一个时期,一定范围内的最好成绩,如"刘翔以12秒88的成绩,打破世界纪录","影片《满城尽带黄金甲》以压倒性的优势攻占市场,上映4天票房9600万元,再创票房新纪录"。所以在日常的使用中,若想区分它们还是很容易的。《财富》排行榜上的排名不是一成不变的，对于中国内地企业而已，这无疑是新的纪录。

类似于"纪录"，以下这些词语也是只能用"纪"的，如："纪念""纪要""纪实""纪传"等。

链接：古代文体中的"记"与"纪"

"记"与"纪"在古代都可以作为一种记录事情的文体，如《项羽本纪》《徐霞客游记》。但是你知道两者在用法上的区别吗？

与"纪"相比，"记"是一种相对简单的文体，在体裁上，可以是游记也可以是杂记；在创作手法上，可以是散文也可以是小说；在时间上，可以应景而作，也可以过后补记。所以"记"这种文体有着很大的创作自由，读起来也铿锵有力、琅琅上口，为历代文人、读者所喜爱，如《小石潭记》《醉翁亭记》。

而"纪"则不然，从《史记》开始，"纪"便成了古代史书中按时间顺序专门记载帝王历史事迹的部分，有史有赞，大多是官修的，不是可以随便发表议论的，而这种以"本纪"和"列传"为主体的史书写作体裁，也有个专门的名称，叫"纪传体"。《史记》便是我国的第一部纪传体史书。后来的二十四史的写作也都采用了这种体裁，成为我国历史研究的重要依据。

技│伎

[病例] 他故技重演，自以为得计，殊不知人们早已经看穿他的手脚。

【诊断】

"故技重演"应为"故伎重演"。音近义似致误。

【辨析】

技，音 jì，形声字，从手，支声。《说文解字》："技，巧也。"技的本义就是指技艺、技巧、才艺，如绝技、杂技、必杀技。《尚书·秦誓》："人之有技，若己有之。"后来引申为工匠、有技艺的人，在这个意义上，有时也通"伎"。

伎，音同技，形声字，从人，支声。《说文解字》："伎，与也。"据段玉裁《说文解字注》，这个"与"就是"同党"之类意义。《广韵》："伎，侣也。"依然解说的是本义。"伎"的本义指同伴。古代以歌舞为业的女子总是依附于当权者，这可以被看成当权者的特殊身份的伴侣，所以"伎"后来又被用来指歌女、舞女，如歌伎、艺伎。这个意义又写作"妓"，如妓人（女歌舞艺人）、妓女（古代指女歌舞艺人）。歌舞当然可以成为一种迷惑人的手段，因此，"伎"后又引申为手段、花招，如伎俩。"伎"在古代还可以通"技"，表示技艺、才能的意思，如"伎艺"也写作"技艺"。

"技"与"伎"在表示手段、技艺的意义上容易混用，区分的方法是，前者是中性的，而后者通常是贬义的，如"伎俩"是不可以写作"技俩"的。

"故伎重演"在很多文章中被写作"故技重演"，包括一些字典、词典亦认为这时的"伎"同"技"，其实这种说法是欠妥的。"伎"虽然可以通"技"，但是从现代汉语中的使用来看，"故技重演"常形容不好的行为，表示贬义，这里的"伎"，不是一般的"技艺"，而是伎俩的意思，所以写"故伎重演"才是规范的。

链接："故伎重演"的出典

唐代诗人刘禹锡写过一首流传千古的五律《蜀先主庙》：

天地英雄气，千秋尚凛然。

势分三足鼎，业复五铢钱。

得相能开国，生儿不象贤。

凄凉蜀故伎，来舞魏宫前。

此诗作为史论诗主要称颂刘备，而贬讥刘禅。首联写刘备在世是叱咤风云的英雄，千秋后的庙堂仍然威势逼人。颔联写刘备的业绩：与魏、吴鼎足三分天下，以光武帝恢复五铢钱，比喻刘备想复兴汉室。颈联为刘备功业不成，嗣子不肖而叹惜：开国时得到贤明丞相孔明辅佐，生了个儿子阿斗却不是一个圣贤。尾联感叹后主刘禅之不才：蜀汉降魏后，刘禅迁至洛阳，被封为安乐县公。魏太尉司马与之宴，使蜀国女乐歌舞于刘禅前，旁人皆为他感伤，他却嬉笑自若。

其中"凄凉蜀故伎，来舞魏宫前"一句，正是"故伎重演"的出典。可知"故伎重演"之"伎"，乃是歌舞伎，写成"技"不合适。

佳｜嘉

[病例]德国世界杯最后一抹黑色消失了，乌克兰走了！首次参加世界杯就能成功挺进八强，足以令人叹服。乌克兰此战精神可佳，运气欠佳。

【诊断】

"精神可佳"应为"精神可嘉"。近义词误用。

【辨析】

佳，音jiā，形声字，从人，圭（guī）声，本义为美、美好。陶渊明有"秋菊有佳色""山气日夕佳"等，用的都是这层意思。"佳"还可以引申为喜好，如"夫佳兵者，不祥之器"，也可以引申为吉祥，如佳节、佳谶。

嘉，音同佳，形声字，从壴（zhù），加声。《尔雅》里说"嘉，善也"，这是嘉的本义。如《尚书》"尔有嘉谋嘉猷"，《周易》有"孚于嘉"。壴，古文作𪔛，象鼓架之形，是鼓的初文。《诗经·关雎》有"窈窕淑女，钟鼓乐之"，鼓是古代的重要乐器，是古礼的重要组成部分。所以嘉又有庆贺、欢娱的意思，如嘉庆（值得庆贺之事）、嘉容（喜悦的神色）。嘉，用作动词时表示赞美、称扬，如嘉奖、嘉许，唐代韩愈的《师说》"嘉其能行古道"。

在现代汉语中，"佳"与"嘉"用法上的差别还是很明显的：虽然都有善美意义，但"佳"只作名词，而"嘉"不光作名词，还可以作动词。"嘉奖""嘉许""嘉勉"都只能用"嘉"而不可用"佳"。当然，"精神可嘉"也是不可作"精神可佳"的。

链接："佳宾"与"嘉宾"

　　"佳宾""嘉宾"都是贵宾的意思，但作为异形词，后者为推荐形式。为什么"嘉宾"得到推荐呢？至少有两个理由：首先，依据《现代汉语异形词规范词典》对《人民日报》1995 年至 2000 年的全部文本语料进行的词频统计，"嘉宾"为 480，"佳宾"为 21。根据通用性原则，"嘉宾"自然应该首选。其次，从理据性原则的角度来看，"佳""嘉"虽然都可以表示美好的意思，但前者偏重美，后者偏重善。前者多指事物性状，而后者多指事物的品质。所以"佳宾"强调的是外表好，而"嘉宾"却是内外俱佳。所以，从意义侧重点来看，也应该首选"嘉宾"。

竟｜竞

[病例] 拖着一条伤腿的他竞然和队友一起获得了这个项目的第一名，让人诧异不已。

【诊断】

"竞然"应为"竟然"。音同形近致误。

【辨析】

竟，音 jìng，会意字，从音，从人。《说文解字》："乐曲尽为竟。""竟"的本义就是指音乐演奏完毕，故从音得义。后来泛指完、尽、终结，如《史记·高祖本纪》："及见怪，岁竟，此两家常折券弃责（债）。""岁竟"，即年终。"竟"，还表示穷究，也就是刨根问底的意思，如《汉书·霍光传》："此县官（指汉宣帝）重太后，故不竟也。"此外，"竟"还可以由"终""尽"的意义出发引申为副词，表示终于、终究、居然等义，如有志者事竟成。竟然之竟，也是这种副词用法，因此不应该写成"竞"。

竞，音同竟，会意字，繁体字写作"競"，从誩，从二人。按《说文解字》的解释："誩"是"强语也"，即争辩；"二人"是"相逐也"，即角逐。所以，"竞"的基本意思就是竞赛、竞争，如竞心、竞发、竞秀、竞逐。竞争就是争强，所以"竞"又有强盛义。如《南史·宋本纪》："永嘉不竞，四夷擅华。"此外，"竞"还可用为副词，仍然表示争胜的意思，如《离骚》："众皆竞进以贪婪兮，凭不厌乎求索。"

在现汉汉语词汇中，只有"竟然"而没有"竞然"。如果古代汉语有"竞然"的用例，那么从字面意义看，它也只能表示"竞争的样子",而不具有转折的性质。所以,在现代汉语中,再出现"竞然"一词的话,就应该算是写了别字。

链接:"竟"与"境"

　　"边境"一词,义为"靠近国家边界的地方"。而这个词又曾被写作"边竟"。如《管子·枢言》:"先王不以勇猛为边竟,则边竟安。"在先秦文献中,我们很少能找到"境"字,如在《左传》中,凡是现在看来应该写作"境"的地方,统统用的是"竟"。从意义上看,"竟"是乐曲的尽头,"境"则是国土的尽头。由此看来,"竟""境"二字,有一种特殊的关系,表示这种关系的术语,就是"古今字"。古今字现象是如何发生的呢?上古时代,一字多用,虽然现在汉字也往往一字多义,但上古时代更加严重。文字在实际语言交际中的兼职,不利于交际的清晰无误,因此,人们后来往往会在这个兼职过多的字上加上区别性符号形成一个新字,用以分担它所记录的某一种意义。而这个后起的新字,就是原来那个兼职过多字的今字。拿"竟"与"境"来说,因为"竟"字原本既表乐曲终了,又表国土尽头等,人们为了不混淆它的多种用法,就在"竟"字上标注了"土"造成了"境",用来专门表示国土尽头的意义。于是"竟"与"境"就成了一对古今字。

　　细心的读者一定会发现,从"竟"与"境"的古今字关系中,我们也同样能够找到区别"竟"与"竞"的线索。

决│绝

[病例] 闯入禁区——决无仅有的勇气。

【诊断】

"决无仅有"应为"绝无仅有"。音同义近致误。

【辨析】

决，音 jué，原本写作"决"，会意字，从水，从夬（jué）。《说文解字》："决（决），行流也。"行流，就是使河流畅通的意思。所以"决"的本义就是开凿壅塞，疏通水道。后来也引申为大水冲破堤岸或溢出。如《淮南子·天文训》："贲星坠而勃海决。"河水破堤而出，意味着一个触目惊心的事实确已发生，所以"决"又引申为决定，如"决断""悬而未决"之"决"。再引申为副词，表示一定的意思，如"决不食言""决无此事"。

绝，音同决，也是个会意字，小篆作 [絕]以糸（表示丝）、刀、卩（人）会意，表示人以刀断丝，所以"绝"的本义就是断绝，如绝交、绝种、空前绝后。断绝意味着穷尽，所以"绝"又引申为尽，如斩尽杀绝。再引申，"绝"又有走不通的、无出路的意思，如绝处逢生。也可表示无可比拟的，如拍案叫绝。又可表示绝对，如绝不同意。显然，最后这个意义用法，与"决"很接近。

"决"和"绝"都可以用在"不、无、非、未、没有"等否定性词语前面，表示强烈的否定，所以一直以来很难分辨。其实，"决"与"绝"两者之间还是有差别的。"决"，主要表达主观意愿层面的坚定、坚决义，多用在"不"前。如"文化市场决不允许成为腐朽思想文化滋生蔓延的场所"，"倘有逃逸事件，必以纵匪论处，决不姑息"。而"绝"则通常表达客观事实层面的"绝对"义，如绝无、绝未、绝没（绝对没有）、绝非（绝对不是）。概括地说，表示绝对时应当写作"绝"，表示坚决时则应当写作"决"。病例中的"决无仅有"应改为"绝无仅有"。

此外，"绝"还可以修饰不带"无、不"的词语，表示程度很高，"决"没有这种用法。如："他思如泉涌，停笔时间绝少。""这里真是一个依山傍水的绝妙佳境。"

链接："绝"与"继"

"绝"的金文写作▓，陶文写作▓，《说文解字》小篆重文作▓，象用刀断丝。可见，小篆的"绝"只是个后起的字形，但是造字意图大致还是保持了下来。"绝"在秦简里写作▓和▓，是小篆字形所本。

然而，本义是断绝的"绝"，在古代典籍中又是"继续"的"继"字，这是怎么回事呢？

原来，在汉字发展的早期，一字兼有数义的很多，其中还有同一字形兼记多个不同音义的字，而且造字意图和这个字形所表达的多个词义都有逻辑联系。"绝"和"继"就曾经是被同一字形记录的两个不同的字。▓字，描摹以刀断丝，当然可以表示"绝"；然而，被断的丝恰恰就是需要被接续的对象，所以，▓又成了"继"字。

当然，这种兼职并不利于语言交际的清晰无误。如1993年出土的湖北郭店楚国竹简书《老子》甲第1号简："▓知弃辩，民利百倍。▓巧弃利，盗贼无有。▓伪弃虑，民复孝慈。"其中▓就是▓的一种写法，于是，有人解释成"绝"，也有人解释为"继"，意义正好相反。所以，这种历史文字现象就让它成为历史吧。

竣∣峻

[病例]预计 2007 年下半年，长安福特南京工厂全面峻工。

【诊断】

"峻工"应为"竣工"。音同形似致误。

【辨析】

竣，音 jùn，形声字，从立，夋声。《说文解字》："竣，偓竣也。""偓"是"倨"的误字，"倨"通"踞"，表示蹲坐的意思。所以，"竣"的本义是指退立，即退缩不动的意思，故以"立"为义符，表示站立。后引申为停止，又引申为完毕的意思，如竣工、竣事。在现代汉语中，"竣"被经常使用的也就是最后这种意义。

峻，音同竣，形声字，从山，陵声。"峻"是"崚"的省写，以山为义符，表示高大，多指山势高而陡峭的意思，如崇山峻岭、山势险峻等。后引申为严厉、严峻之义，如严刑峻法、形势险峻。

"峻"和"竣"在现代汉语语法中，除了音同形似之外，在字义方面没有任何的联系。在使用的时候，只要看清它们的义符（"竣"从立，表示止；"峻"从山，表示大，引申为严厉），相信就不会再写错了。

链接：说"山"

从人类穴居开始，山就成了人们生活中比较重要的组成部分。山，象形字，甲骨文字形写作 ，象崇山之形。这一点在金文中更为形象，比如"山"在父壬尊中写作∿，黄山鼎中写作凸，崇山之外还有了峻岭。此外，山在碑文中常写作凸，又加了山洞的形象。

《论语》里面说："智者乐水，仁者乐山。智者动，仁者静。智者乐，仁者寿。"山又成了磨炼意志、抒发情感的好去处。据说毛主席年轻的时候就很喜欢雨中登山，而孔子亦有"登东山而小鲁，登泰山而小天下"的感叹。登山远眺可以放宽心胸，激发昂扬之志，所以古人才有了登高必赋的传统。

山还是绝世隐居的好地方，所以求神拜佛，访仙探幽，山无疑是首选之地。文人喜欢自称"山人"，在谦虚的同时，又透着清高和灵气。此外，不仅佛教、道教喜欢在名山、大山上修建寺庙、道观，就连土匪、逃犯们也喜欢啸聚山林，依山建寨。可见，山除了构成靓丽的风景之外，还是军事设施的重要组成部分。

古人对山的观察得很细，分辨得也比较清楚。比如《尔雅》里就区分说：小山叫"岌""霍"，大山叫"岠""宫"；三座相连的叫"陟"，两座相连的叫"英"，只有孤零零一座的叫"坯"；山大而高的叫"崧"，山小而高的叫"岑"，锐而高的叫"峤"，矮而大的叫"扈"，小而众的叫"岿"；山形状像堂的叫"密"，形状像河堤的叫"盛"；有小山相连的叫"峄"，无小山相连的叫"蜀"；山顶平整的叫"章"，中间高的叫"隆"；山脊叫"冈"，山顶叫"冢"，靠近山顶的叫"翠微"，山上的小路叫"陉"，山洞叫"岫"；山上多小石子的叫"碛"，多大石头的叫"礜"，多草木的叫"岵"，没有草木的叫"峐"。此外，太阳也以山为参照物，太阳出现在山的东面时叫"朝阳"，出现在山的西面时叫"夕阳"。今天人们仍然喜欢跋山涉水，看云探幽，谁又能说这

106

不是一种潜意识中的归属呢？

　　由此再来观察从"山"得义的汉字，往往都类似于"峻"，从山的性质特征引发出一些抽象性质描述乃至价值判断意义：

　　崛起的"崛"，《说文解字》曰："山短高也。从山，屈声。"

　　峥嵘岁月的"峥嵘"，本作"崝嵘"，谓山的高峻貌。后引申形容卓越不凡。

　　崩溃之"崩"，《说文解字》曰："山坏也。从山，朋声。"

　　崇高之"崇"，《说文解字》曰："嵬高也。从山，宗声。"

　　岌岌可危之"岌"，《说文解字》曰："山高皃。从山，及声。"

棵|颗

[病例] 这位保管员在他平凡的一生中，恪于职守，棵粒归公，从来没往家里拿过一针一线。

【诊断】

"棵"应为"颗"。音同形似致误。

【辨析】

棵，音 kē，形声字，从木，果声。"棵"是量词，本义是指植物的株数，如一棵树、一棵草、一棵大白菜。

颗，音同棵，形声字。《说文》："颗，小头也。从页（xié），果声。"页，作为部首，跟人的头面部有关，从页的字大多表示与人头面部有关的概念，如顶、颈、项、须等。由比较小的头这个本义，"颗"后引申形容较小而圆形，或者是粒状的东西，读为 kē，如白居易《荔枝》："燕脂掌中颗，甘露舌头浆。"并多用为量词，如一颗珠子、一颗子弹。

"棵""颗"区别是前者多用于植物，如花草树木等，而后者多用于颗粒状的东西，如颗盐（俗称"粒盐"，一种粗盐）、颗子（方言，指小米）、颗粒归仓、颗粒肥料。所以使用时一定要分清中心语的属性，才能够有的放矢，对症下药。

链接：从"页"字一览

𦣻是甲骨文"页"字，描摹的正是一个突出头部之人的形象。《说文解字》："页，头也。"所以以页为义符的字都与人的头面脱不了干系，以下文字的《说文解字》训释正可说明这一点：

头，首也。从页，豆声。

颜，眉目之闲也。从页，彦声。

颂，皃（即"貌"）也。从页，公声。（按："颂"即今日"面容"之"容"字）

题，额（即"额"）也。从页，是声。

颊，面旁也。从页，夹声。

颈，头茎也。从页，巠声。

领，项也。从页，令声。

项，头后也。从页，工声。

硕，头大也。从页，石声。

颁，大头也。从页，分声。一曰鬓也。《诗》曰："有颁其首。"

愿，大头也。从页，原声。

颔，面黄也。从页，含声。

顾，还视也。从页，雇声。

顿，下首也。从页，屯声。

由此可见，"颗"字以"小头"为本义，实在是非常合乎造字逻辑的。

窠|巢

[病例] 这本小说写得真好，内容和情节都新颖曲折，不落巢臼。

【诊断】

"不落巢臼"应为"不落窠臼"。形似义近致误。

【辨析】

窠，音 kē，形声字，从穴，果声。《说文解字》："窠，空也。""空"即"孔"，所以"窠"本义指孔穴、坑穴。原始人在最初的时候，是以洞穴为居室的，所以"窠"也有居室的意思，如辛弃疾《鹧鸪天》："抛却山中诗酒窠，却来官府听笙歌。"此外，"窠"也指鸟巢及动物的栖息之所，如左思《吴都赋》："穴宅奇兽，窠宿异禽。"刘良注："窠，鸟巢也。"

巢，音 cháo，象形字，古文字字形为 ，象筑于树木之上鸟巢之形。后引申指简陋的住处，如《风俗通》："尧遭洪水，万民皆山栖巢居，以避其害。"也指坏人或敌人盘踞的地方，如贼巢、敌巢。

如何区分窠与巢呢？首先应注意它们读音不同，kē 与 cháo 差别明显；其次，就字形而言，两字虽然似乎长得有点像，但只是貌似而已，一经分析，差别立见：窠是合体字，上边是穴，下边是果；巢则是独体象形字，字形的主体是鸟巢，鸟巢下边的"木"只是一个附加成分，以说明上边的构形成分的树上鸟巢的性质。再次，从字义上看，两者虽有相同之处，但同中有异，《说文解字》："穴中曰窠，树上曰巢。"可见，"窠""巢"虽然都可以表示鸟巢，引申为栖息、居住的意思，但却一个在地上，一个在树上。

在现代汉语中，"窠"字已不多见，通常只出现在"窠臼"一词中，表示孔穴。"臼"古文写作⿱，是中部下凹的舂米器具。所以"窠臼"是两个同义词素连用形成的复合词，表示坑穴的意思，比喻现成格式、老套子。而"不落窠臼"，表示新颖、不落俗套。在这里，没有"巢"什么事，千万别以"巢"为"窠"。

链接：说"穴"

"窠"所从之"穴"本身也是个形声字，声符是"八"，形符是"宀"，《说文解字》："穴，土室也，从宀，八声。""穴"与"八"上古皆为"质"部字。也就是说，"穴"字中唯一的表义符号，就是这个被我们叫作"宝盖头"的"宀"。然而，"宀"字甲骨文写作⿱，描摹的是房屋形象，作为汉字的表义偏旁，"宀"通常也都表示房屋之类意义，如"宫""室""宅""家"等字，都是从"宀"得义。从"穴"得义的"窠"也有居室的意义。显然，又一个难以被人们认同的形义联系呈现在我们眼前：洞穴与房屋怎么会被统一在"穴"字之中？

其实，我们只需稍稍回眸人类居住文化的历史，便不难理解了。《墨子·节用》："古者人之始生，未有宫室之时，因陵掘穴而处焉。"《易·系辞》："上古穴居而野处。"远古时代，人类征服改造自然的能力低下，尚不能建造类似我们今日居所的房屋，便只能以洞穴作为自己的居所。如有自然环境给予恩惠，先民们就把天然洞穴当作居所；如果没有承受这种恩惠的幸运，人们便凿地为穴，作为自己的屋室。这两种穴居形式，在考古中都屡有发现，甚至在出土甲骨文的殷墟，虽然已有大量宫殿遗址发现，却仍有不少供人居住的地穴保留至今，穴内还有供人上下的脚窝和台阶。在华北地区至今尚作为民居的窑洞，实际上正是古代居穴的一种变异传承。

诓|诳

[病例] 好了，好了，我们已经看穿你的把戏了，你就不要再兜着圈子诳人了。

【诊断】

"诳人"应为"诓人"。音似义近致误。

【辨析】

诓，音 kuāng，形声字，从言，匡声。《玉篇》："诓，狂言也。"《广韵》："诓，谬言。""诓"的本义就是指狂言、谬言。后引申为欺骗、骗取，如《红楼梦》第八十二回："更可笑的是八股文章，拿他诓功名，混饭吃，也罢了，还要说'代圣贤立言'！"还可以用作哄（孩子），如巴金的《灭亡》："她又不得不止哭去诓孩子。"

诳，音 kuáng，形声字，从言，狂声。《说文解字》："诳，欺也。""诳"的本义是指欺骗、迷惑，如《史记·乐毅列传》："齐田单后与骑劫战，果设诈诳燕军。"（设诈：设假象。）现多用为谎话，如鲁迅《华盖集·补白》："我们仔细查察自己，不再说诳的时候应该到来了。"

"诓""诳"两字义近，都有"欺骗"之义，但读音不同，"诓"读第一声，"诳"读第二声。两字用法也不尽相同，"诓"是故意顺从、奉承以达到骗取目的，而"诳"则是隐瞒事实真相以迷惑人。在现代汉语中"诓"多作动词，带宾语（被哄骗的对象）；而"诳"多作名词，指谎话，或作修饰成分，如"诳语"指谎话。因此，在"诓人"一词中，不能以"诳"代"诓"。

链接：带"诓"字的成语

以下几个带"诓"字的成语，"诓"的用法均符合现代规范，足资参考。

"东诓西骗"：指到处说谎欺骗。《金瓶梅词话》第三十八回："应二哥，银子便与他，只不叫他打着我的旗儿，在外边东诓西骗。"

"诓言诈语"：说骗人的话。明无名氏《李云卿》第一折："有那等先生，自夸自会，盗听偷学，诓言诈语，骗口张舌。"

"诱秦诓楚"：《史记·张仪列传》记，战国时张仪劝导秦国以连衡破合纵，以诡诈手段欺骗楚国背齐向秦。后遂因以"诱秦诓楚"表示挑拨离间。

腊｜蜡

[病例] 在每次过年的时候，外婆总会不厌其烦地在院子里搭起一串串的蜡肉。

【诊断】

"蜡肉"应为"腊肉"。字形相似致误。

【辨析】

"蜡"与"腊"的比较相当复杂。

首先，"蜡"与"腊"都可以读为là，分别是"蠟"与"臘"的简化字。蜡（蠟），从虫，鼠（liè）声，意思是指动植物分泌的酯类物质，可以制蜡烛，也形容像蜡的颜色。常见的词语有：蜡笔、蜡灯、蜡黄、蜡炬、打蜡、嚼蜡等等。腊（臘），从肉，鼠声，本义是指祭祀祖先。古人祭祖在每年的岁末，所以十二月也称腊月。此外，冬天腌制肉类也称腊，腊制的肉叫作腊肉。常见的词语有：腊八、腊肠、腊肉、腊酒、腊日、腊月等。由此可见，把"腊肉"写成"蜡肉"，无疑是在炮制"味同嚼蜡"之肉了；而把"味同嚼蜡"之"蜡"写成"腊"，则把这成语变成品尝美味的意思了。

其次，在简化字出现以前的汉字系统中，"蜡"与"腊"本是和"蠟"与"臘"没有关系的字，"蜡"读为zhà，"腊"读为xī。

"蜡（zhà）"是一种祭祀名称，指年终祭祀百神，如《礼记》"子贡观于蜡"。常见的词语有蜡宫、蜡宾、蜡社、蜡祠、蜡坛、蜡享等等。此外，"蜡"还可以读为qù，从虫，昔声，指蝇蛆，后来引申指肮脏不洁之物。如《周礼》有"蜡氏"一职，专门负责掩埋死于道路的行人。

"腊"（xī），是干肉，也就是肉干儿，即古人所谓的"脯""坚硬之肉"。汉代应劭《风俗通·祀典·司命》："汝南余郡亦多有，皆祠以腊，率以春秋之月。"

链接：当心腊肉变味

当今电脑，具有繁简转换功能，令人称便。然而有时也会弄出些尴尬来。比如，将前文辨析的"蜡""腊"作简转繁的处理，转出来的一概是"蠟""臘"。尴尬何在？只要看明白前文的分析，自然就会明白。显然，在使用电脑繁简转换功能时，我们务必需要小心谨慎，要明白被转换的对象的繁简关系是一对一还是一对多。如果是后者，就不能不管三七二十一简单地转，否则把"腊（xī）肉"变成了"臘肉"，这肉可就真的变了味。

楞｜愣

[病例] 我们的英语老师就是这样一个人，一到没事的时候就爱发楞。

【诊断】

"发楞" 应为 "发愣"。异体字使用不规范致误。

【辨析】

楞，会意字，从四、方、木连读得义。"楞" 字原本有两个读音：一读为 léng，一读为 lèng。读 léng 时，用为名词，类同于 "棱"，表示四方木，也表示棱角或物体上一条条凸起来的部分，如楞缘（楞角边缘）、楞角（棱角）、楞坎（地面突起的陡坎子）。读为 lèng 时，表示失神或发呆的样子，如楞神（失神、发呆）、楞然（惊奇发呆貌）。干宝《搜神记》："班惊楞，逡巡来答。" 引申为冒失、鲁莽，如楞人、楞子、楞小伙。也引申为凶狠、蛮横，如楞不讲理。

愣，音 lèng，形声字，从心，楞省声。古代本无 "愣" 字，"愣" 的意义本由 "楞"（读为 lèng）兼表。后来，显然是因为 "楞" 字兼职不利于语言交际的清晰无误，人们便在 "楞" 字的基础上改造，形成了一个分化字 "愣"，用以表示原本 "楞" 读 lèng 时的意义，如发愣、愣头愣脑，而 "楞" 则不再表示这一类的意义。

过去 "愣" 曾被处理为 "楞" 的异体字，1988 年《通用字表》恢复了 "愣" 字的规范地位，所以现在表示失神或发呆的样子时，就必须用 "愣" 而不能再用 "楞" 了。从字理上看，"愣" 字以心为义符，用以表示失神、发呆等人的生理反应时，无疑更为合理。因此，在这种场合，我们还是让"楞"字下岗为好。

链接：会意字的两种类型

《说文解字》中写道："会意者，比类合谊，以见指㧑。武、信是也。"用今天的话来说，就是用两个或两个以上表义偏旁会合起来表达该字的意义。但是，人们一般认为列的两个例字"武"和"信"都不太妥当，我们不妨另外举例。

第一个是"休"，用人和木（树）表示人歇息于树木之下的意思。第二个是"秉"，用又（手）和禾会合表示抓一把禾的意思。第三个是"好"，用子和女会合表示美好意义。第四个"法"字，繁体作"灋"，《说文解字》："法（灋），刑也。平之如水，从水；廌，所以触不直者；去之，从去。"水、廌、去会意，表达的是古代一种用神兽判罪的传说。《墨子·明鬼》有一段相关的记载："昔者，齐庄君之臣有所谓王里国、中里徼者。此二子者讼三年而狱不断，齐君由谦杀之恐不辜，犹谦释之恐失有罪，乃使之人共一羊，盟齐之神社，二子许诺。于是泏洫羊而漉其血，读王里国之辞，既已终矣。读中里徼之辞未半也，羊起而触之，折其脚祧神之而槁之，殪之盟所。当是时齐人从者莫不见，远者莫不闻。"

然而，以上这种类型的会意字只是会意字的一种，其特点是以形象见义，一般古文字中可以见到的会意字均属此类。但会意字并非都是如此，前文分析的"楞"显然就是另外一种类型，其特点就是可以用偏旁连读求得字义，类似的还有小大为"尖"，小土为"尘"等。当然，这类会意字，一般是在汉字隶变以后才产生的。

励 | 厉

［病例］会议号召，公司上下要进一步明确目标，鼓足干劲，再接再励，确保公司全年各项目标任务按期完成。

【诊断】

"再接再励"应为"再接再厉"。音同形似致误。

【辨析】

励，音lì，形声字，从力，厉声。《说文解字》："励，勉力也。""励"的本义就是勉力、努力。如励志（勉励其心志，集中心思于某种事业）、励节（勉力志行，崇尚气节），《尚书》有"用励相我邦家"、"庶明励翼"（勉力辅佐君主，精勤以行君命）。引申为振作义，如"励精更始""励精图治"，"励精"就是振作精神的意思。又引申为劝勉、鼓励意义，如奖励、鼓励。

厉，音同励，形声字，从厂，虿（chài）省声。而作为义符的厂（hàn），本是石的省略变形，所以"厉"的本义是指磨刀石，是"砺"的本字，即《说文解字》所说的"旱石也"。段玉裁的注说："旱石者，刚于柔石者也。字亦作厉、作砺。"朱骏声更细分说："精者曰厎，粗者曰厉。""砥砺"一词亦由此而来。

因为本义是磨刀石，所以"厉"引申后有磨、磨快的意思，如《战国策·秦策》"缀甲厉兵"、《左传》"束载厉兵秣马"。"厉兵"指磨砺兵器，使之锋利。此外还有"厉身"，指磨砺自身。后引申为严厉之义，如厉音（声音严厉）、厉气（严

118

厉的神色）、色厉内荏、声色俱厉。还可以引申为猛烈义，如厉鬼、厉害、厉声、厉行，袁宏道《满井游记》："余寒犹厉。"

"再接再厉"之所以常被错写成"再接再励"，一般来说是由于对这个成语的意义有所误解，即把"再接再励"理解为"再次接受鼓励"。其实成语本来是描写斗鸡的，好斗的公鸡相斗时不断地磨喙（厉）扑咬（接），就是所谓"再接再厉"。这个成语现在的继续努力的意思，是后起的意义。由于有这样一个来源，"再接再厉"也可以写成"再接再砺"，但前者是这对异形词的推荐形式。

链接："再接再厉"与"呆若木鸡"

《全唐诗》卷七百九十一收录了韩愈、孟郊的《斗鸡联句》：

知雄欣动颜，怯负愁看贿。争观云填道，助叫波翻海。——韩愈

事爪深难解，嗔睛时未息。一喷一醒然，再接再砺乃。——孟郊

其中孟郊的"一喷一醒然，再接再厉乃"句就是"再接再厉"的具体出典。"接"，作交战讲，"厉"即"磨砺"，名词活用，作"磨快"讲。"再接再厉"意思是说公鸡相斗，每次交锋之前要先磨一下嘴。

斗鸡看似为低俗寻常之事，在某些特定朝代却是不太寻常的。一些帝王将相、文人雅士还颇为热衷。在历史上，斗鸡、斗蟋蟀等曾经流行成风，也算古风之一吧。斗鸡相传起源于夏朝少康，到了春秋时已相当流行。公元前679年齐桓公以宋国违背盟约为由，率诸侯讨伐，取胜后筑高台以斗鸡庆祝胜利，这是关于斗鸡的最早文字记载。《列子》记载：纪渻子为周宣王养斗鸡，经过40天的训练，望之有如木鸡，别的鸡不敢斗它。庄子亦如此说，虽近于寓言，却是后世传说"呆若木鸡"的出典。

利 | 厉

[病例] 人常在厉害得失之中，为利所困、为名所累。

【诊断】

"厉害"应为"利害"。音同致误。

【辨析】

厉，音lì，繁体作厲，小篆作厲。《说文解字》："旱石也。从厂，蠆省声。厲，或不省。"可见，"厉"本是个形声字，厂是义符，蠆（chài）是声符，因省略而作万。其实《说文解字》的这个解释并不符合"厉"字最初的造字意图。金文"厉"作厲，从中不难发现，小篆"厉"中的"厂"，本来是个"石"——古文字"厂""石"形近，所以由金文演变到小篆，"石"便讹成"厂"。这样，"厉"字的形义关系就非常合乎逻辑了：义符"石"正可以表示其本义"旱石"，也就是磨刀石。显然，"厉"的这个本义，现在是用"砺"来表示的，"砺"是"厉"的后起字。"厉"由磨刀石义引申为动词，表示磨东西使之锋利，如成语"厉兵秣马"之"厉"。经磨砺的刀具效用会大大提高，所以"厉"后来又引申为猛烈，如陆游的《入蜀记》："有顷，风愈厉，舟行甚疾。"成语"雷厉风行"，意思就是像雷那样猛烈，如风那样迅捷，比喻声势猛烈，行动快速。

利，音同厉，会意字，古文字写作利，从刀，从禾，象用刀割取禾苗之形，义为锋利。如《荀子·劝学》"金就砺则利"，成语"兄弟齐心，其利断金"。后引申为吉利、

120

顺利，如《易》："飞龙在天，利见大人。"也引申为利益、好处、对……有利，如利润、营利、一本万利。

　　一般来说，"厉"与"利"并不容易相混，但是在组词 lìhài 时是个例外。"厉害"误作"利害"，或者反过来的情况非常容易发生。显然，分辨"厉害"与"利害"，要从字义上着眼。立足于"厉"的猛烈意义，"厉害"主要指凶猛、猛烈，如"风大得厉害"，也可以形容人水平高、有能耐，如"孙悟空很厉害，什么妖精都打不过他"。从"利"的利益意义出发，"利害"指利益与损害，如利害关系、利害得失、晓以利害。弄清这种区别，我们就不至于再犯把"厉害"与"得失"相联系的毛病了。

链接："厉"与"省声"

　　《说文解字》在分析"厉"的字形时涉及了省声这种现象。什么叫省声呢？它是形声字中的一种比较特殊的现象，即把声符省略掉一部分。除了"厉"以外，再如"产（產）"，《说文解字》："生也，从生，彦省声。"为什么要省略声符呢？其实主要是为了保持字形视觉形态上的对称平衡，例如"厉"字中如果"蛋"不省，字形就会变得过于臃肿。不难发现，如果是因为这个原因，那该省略的就不仅是声符了，义符也同样应该得到这个待遇。事情还真的是这样的，省形的现象同样并不少见，如"瓢"，《说文解字》："从瓠省，票声。"

连 | 联

[病例] 据杭州市交通局介绍，杭千高速公路是杭州市实施"交通西进"战略的重点工程，联接着"三江两湖"的旅游黄金通道。

【诊断】

"联接"应为"连接"。音同义似致误。

【辨析】

连，音lián，会意字，从辵（chuò），从车。根据段玉裁《说文解字注》，"连"即古文"辇"，本义是指一种人拉的车。如《周礼》"连车组挽""与其辇（音jú，用马拉的大车）连"。"连（辇）"作为一种人拉的车，人在前，车在后，人车相连，后引申为一种连接、相连的意思，如"藕断丝连""十指连心"。再引申为带着、加上，如连根拔起、连泥带水。

联，音同连，战国古玺印文字写作🈁，中间是耳，两边是相连之丝——絲，而这个絲，正是"联"字最初的写法。显然，"联"从一开始就是个会意字，从耳，从絲。关于"联"为什么要从耳，《说文解字》解释说："从耳，耳连于颊也。"所以，"联"的本义就是连接，后引申为结合，如联系、联欢、联盟、联曹、联营。再引申表示对联，如春联、挽联。

"连"和"联"本义非常接近，都可以表示连接，所以具体运用中容易相混。如何区别呢？大体来说，在现代汉语的规范中，"连"强调的是事物之间的首尾相接——这与"连（辇）"人车相连的造字意图相吻合；而"联"强调的是事物之间头对头、脚对脚的地位相等的相接——这也与"联"

两丝并联、耳并连于两颊的造字意图相一致。所以"连缀""连接""连贯"等用"连"而不用"联";而"联盟""联袂""联合"等则用"联"而不用"连"。

链接：关于"联"的字源

《说文解字》："联，连也。从耳，耳连于颊也；从丝，丝连不绝也。"根据古文字材料的发现来看，这个说解是很不周全的。裘锡圭先生在《战国玺印文字考释三篇》(载《古文字研究》十辑)一文中对这个问题作了新的说解，提要如下，以供读者参考：

根据"䌼"从"䌼"声这点，可以肯定"䌼"读音一定和"䌼"相同或相近。"䌼"像两纟相连的样子，义应和"联""系"相同或相近。根据古印文字 来看，"联"字也正好是从"䌼"的。根据"联"字本来的字形分析，其结构应该是从耳从䌼，䌼亦声。形声字的声旁如果在意义上也与该字有显著的联系，往往就是这个形声字所从派生出来的词根或这个形声字的初文。因此，䌼可能是跟"联"字声义相近，并且为"联"所从派生的一个字，也可能就是"联"的初文。不过以上推论是以《说文解字》以"连"为"联"之本义的说法为前提的。说不定"联"字另有已经佚失的本义，"䌼"才是联结之"联"的本字。

练｜炼

[病例]科比坐板凳纯属锻练新人，禅师赞飞侠多给队友传球——某网站新闻标题

【诊断】

"锻练"应为"锻炼"。音同形似致误。

【辨析】

炼，音liàn，繁体字写作"煉"，从火，柬（jiǎn）声。所以"炼"字本与火有关，本义就是冶炼金石，使之纯净或坚韧，如炼钢、炼焦。后来引申为一般的锤炼，如锻炼、磨炼。再引申为表示用心琢磨词句，使之优美，也就是锤炼文辞，如炼句、炼字。

练，音同炼，繁体字写作"練"，从糸，柬声。"练"字的本义是把生丝或织品煮得柔软洁白，后来也指已炼制的白色熟绢、丝绸，如白练、彩练。所以，"练"字以丝为义符。煮丝有一个过程，而且需要一定的技术，所以"练"字，可以引申表示反复学习并实践，如练习、训练、操练。再进一步引申，"练"又表示经验多、纯熟，如老练、干练。

"练"和"炼"音相同，又都可以表示精美的意思，所以容易相混，需要注意区别。如"精练"和"精炼"："精练"表示精要简洁，没有多余的词句；而"精炼"通常只表示除去杂质，提取精华。如食用的花生油大多经过加工提炼，除去杂质，所以商家多以"精炼"标榜，甚至奶粉酥糖之类也标以"精炼"字样。所以在使用时要对二者的使用环境加以注意。同理，"锻炼"原来是锤炼钢铁等金属的意思，后

来引申为锻炼身体、锻炼能力，至于"锻练"一词则从没有出现过。

链接：小议"练摊"

"练摊"是个新冒出来的时髦词，频频出现在当今语言交际中。上网输入"练摊"两个字检索一下，"外企白领练摊发横财""大学生网上练摊 月收入最高可达6万元"之类检索结果不计其数。

明显是延续了"练"和"炼"的易混性，"练摊"也有人写作"炼摊"，如网上一篇文章写："2003年的五一节，是我炼摊的第一个晚上，选择这一天入市，验证了做生意与选择入市时间也很关键。"

可见，"练摊"与"炼摊"似乎也需要规范一下了。

在网上搜索"练摊"与"炼摊"，检索结果分别是290000个和148000个。根据通用性原则，"练摊"似乎应该被推荐。

"练摊，俺就是练习摆摊"——这段网上文字显然把"练摊"或"炼摊"这个词的具体内涵揭示了出来：随着中国市场经济的高速发展，许许多多原本从事其他工作的人加入了摆摊、开店、经商的行列。这些外行进入一个新行当，当然需要"练"，所以"练摊"一词便会大行其道。根据理据性原则，也是应该"练摊"得到推荐。

瞭｜了

【诊断】

"了望"应为"瞭望"。繁简字使用不当致误。

【辨析】

瞭，过去有两个读音，一读为 liǎo，一读为 liào，形声字，从目，寮声。"瞭"字从目，也就是和眼睛有关。《玉篇》："瞭，目明也。"《广韵》："瞭，目睛朗也。"所以，"瞭"的本义是指眼睛明亮，后引申为明白、清晰，如"瞭解、瞭然、明瞭、瞭如指掌"，这时"瞭"读为 liǎo。"瞭"读为 liào 时，表示瞭望、远望的意思，比如郭小川《平炉王出钢记》："平炉王瞭见焰火升，好像战士接到了命令。"值得注意的是，1956 年公布的《汉字简化方案》规定，"瞭"简化为"了"，"瞭"成了繁体字。但 1986 年发表的《简化字总表》，"瞭"读为 liǎo 时简化为"了"，读 liào 时仍作"瞭"。

了，亦两读，一读为 liǎo，一读为 le。古文字写作 𠃌，象形字，象走路时足胫相交，也有说象手弯曲之形的。《玉篇》："了，讫也。""了"（liǎo）最常用的意思是指结束、了解，如"敷衍了事""不了了之"之"了"，后引申为决定、决断。如《资治通鉴》："闻卿此谋，意始得了。"胡三省注："了，决也。"再引申为完全，如"了无倦容"之"了"。"了"，读为 le 时，用为助词或语气词，如来了、去了。

"瞭""了"二字，本无联系，但是繁体字简化以后，"瞭"字原来读 liǎo 的音义都归到了"了"（liǎo）字名下，只是留下读 liǎo 的意义还由"瞭"来表示。所以现在诸如"瞭解、瞭然、明瞭、瞭如指掌"之"瞭"都必须写成"了"，而在表示观望等意思的时候则只能写成"瞭"。

链接："小时了了，大未必佳"

《玉篇·了部》："了，慧也。""了"（liǎo），还可以表示人聪明、有才智的意思。比如成语"小时了了"。

据刘义庆的《世说新语·言语》记载：孔融十岁的时候，随父亲到洛阳。当时在洛阳的司隶校尉，是很负盛名的李元礼。由于李氏的才名很重，因此与其交往的人除了亲戚，其余都是当时有才名的人。年仅十岁的孔融，却大胆地去拜访他。他到府门前，对守门人说："我是李府君的亲戚，给我通报一下。"等到通报上去，一起坐下来。李元礼问他："您和我有什么亲戚关系？"孔融回答说："过去我的祖先孔子（孔融是孔子的二十世孙）曾经拜您的祖先老子（此是恭维李元礼的话）为师，所以我和您是世世代代友好往来的亲戚关系。"李元礼以及众宾客听了此话无不感到万分惊奇。后来太中大夫陈韪也来了，别人就把孔融说的话讲给他听，他随口说道："小时了了，大未必佳。"意思是小的时候很聪明，长大了未必很有才华。孔融听后立即反驳说："想君小时必定了了。"（我猜想您小的时候一定很聪明吧。）陈韪听后困窘万分，半天说不出话来。

后来"小时了了"便成了成语，但因为下文有"大未必佳"一语，所以这句成语的意思便变成了：小时聪明，长大了却未必能够成材。

冽｜洌

[病例] 秋去冬来，寒风一天比一天凛洌起来，不断地有大雁向南飞去。

【诊断】

"凛洌"应为"凛冽"。音同形似致误。

【辨析】

冽，音 liè，形声字，从仌（bīng），列声。仌是"冰"的初文，《玉篇》："冽，寒气也。""冽"的本义就是寒冷，如冽风、冽厉（寒冷而猛烈）。《诗经·大东》："有冽氿泉，无浸获薪。"左思《杂诗》："秋风冽冽，白露为朝霜。"

洌，音同冽，形声字，从水，列声。"洌"的本义是形容水清澈，故从水，如清洌、洌泉。因为酒也是液体，类似于水，所以"洌"也可以形容酒，如"洌酒"即清澈的酒。

凛冽，义为寒冷的样子，"凛"和"冽""都从仌得义，都表示寒冷，所以"凛冽"是同义搭配。而"洌"字从水，水并不能表示寒冷，所以如果写成"凛洌"，非但不规范，而且于理不通。

链接：冰与水

仌（冫）与水，是汉字中形象比较相似的两个偏旁，但是两者的意义却有明显的区别。

《说文解字》："仌，冻也。象水凝之形。""水凝之形"其实也就是水初凝时的纹理，也有说"仌"像冰裂的形状，从"仌"的字形 𠘧、𠔼、𡙐 上来看，两说皆有道理。"仌"

是"冰"的初文，从仌的字大多和寒冷有关，如冷、冻、冶（冰貌）、净（chēng，冷）。

水，象形字。甲骨文写作 𣲖、𣲖、𣲖、𣲖、𣲖、𣲖 等形，象许多河流并流之形，𣲖、𣲖、𣲖 象其波流，𣲖 象波浪回折之形。在古人眼里，水有平、流动、清澈、善居下等特点。《说文解字》："水，准也。"疑古代建造寝室，以水平为度。从水的字，大多会具有水的一种或几种特点。比如"法"，古代写作"灋"，字形如 𥲀（盂鼎）、𥲀（克鼎）、𥲀（师酉簋）、𥲀（师克盨）、𥲀（古玺文）、𥲀（楚简）。《说文解字·廌部》："法（灋），刑也。平之如水，从水；廌，所以触不直者；去之，从去。""法（灋）"从水，取的就是水"平"的特点。其他如："淑""泠"，取其清澈；"渐""涌"，取其流动；"洼""涯"，取其居下；"灌""注"，取其由上而下；"浩""淼"，取其博大；"涓""濛"，取其势小。《说文解字》中从水的字有 487 个，诸如此类，不一而足。

"冫""氵"一点之差，意义迥然。如"冷"指寒冷，"泠"指清澈；湮（yīn）指寒冷，"湮"指淹灭；凊（qìng）指寒冷，"清"指清澈；凼（hán）指寒冷，"涵"指水泽众多。通过这些字的比较，也许有助于我们对"冽""洌"的区分吧。

泠 | 冷

[病例] 西冷桥又不是一座普通的桥，它是西子湖畔的三大情桥之一，一座与钱塘才女苏小小一起铭刻在野史上的情人桥。

【诊断】

"西冷桥"应为"西泠桥"。形似致误。

【辨析】

冷，音 lěng，形声字，从仌（bīng），令声。仌是"冰"的初文，从仌的字，大多和冷有关，故《说文解字》："冷，寒也。""冷"的本义就是寒冷。后引申为寂静、冷落，如冷冷清清。也引申为冷静、冷淡、不热情，如冷遇、冷视、"常将冷眼看螃蟹，看你横行到几时"。此外，"冷"有时还含有轻蔑，鄙视的意思，如冷笑、鲁迅诗"横眉冷对千夫指，俯首甘为孺子牛"。

泠，音 líng，形声字，从水，令声。《玉篇》："泠，清也。""泠"的本义是水清之貌，也用以形容明净。如韩愈的诗"浩荡英华溢，萧疏物象泠。"还有一种说法认为"泠"是拟声词，"泠泠"像泉水之声，这个说法很有道理，并为大多数人所采纳，如陆机《文赋》："山溜何泠泠，飞泉漱鸣玉"。又形容声音清越，如"文徽徽以溢目，音泠泠而盈耳"。后引申为轻妙、轻柔，如泠然（清妙之貌）、泠风（轻柔小风）。

"冷"与"泠"，一个从"冰"，一个从"水"。前者和"暖、热"相对，后者与"浊、杂"相对，不可混用。

如宋玉《风赋》："清清泠泠，愈病析酲。"李善注："清清泠泠，清凉之貌也。"李清照《声声慢》写"寻寻觅觅，冷冷清清，凄凄惨惨戚戚"，充满了寂寞悲伤、凄苦无依之感。同理，"冷冷清水"形容水寒，而"泠泠清水"则描述清波粼粼、水声潺潺。所以把"西泠"写成"西冷"，一笔之差，则气韵全无，切不可不分彼此混而用之。

链接："西泠印社"

西泠印社是我国研究金石篆刻艺术影响最大、历史最久的民间学术团体，至今还是全国印学研究的学术中心。

该社于 1913 年正式成立，因印社在孤山，地邻西泠，"人以印集、社以地名"，于是取名"西泠印社"。西泠本是桥名，在杭州孤山西北尽头处，可见乃以桥下的水流清澈而闻名的。

然而，这百年名社，却每每被人误读其名。一般人误读也就罢了，令人费解的是与西泠印社直接关联的网站居然也堂而皇之地大书"西冷印社"四字，实在要令这百年名社寒心不已了！

秘|密

[病例] 台湾首富霖园集团创办人蔡万霖先生在生前，有许多人问他成为首富的密诀。他说只有一句话，就是："有恒心，有耐心，一直做下去。"

【诊断】

"密诀"应为"秘诀"。音同义似致误。

【辨析】

秘，多音字，最早的读音应该念 bié，形声字，从禾，必声。《正字通》："秘，香草也。"这是"秘"的本义，后来也可以表示香味的意思，写作"秘"。其二，"秘"读为 bì，表示辛劳的意思。如《广雅》："秘，劳也。"这应该是 bié 的引申，在古代科技极不发达的情况下，可能采集香草是一种比较辛苦的事情吧。

最后，"秘"还可以读为 mì，表示不可知的、不公开的意思，如神秘、秘密。这时"秘"其实是"祕"字的假借，"祕"原义和神鬼之事有关，故以"示"为义符。

现在，"秘"读为 mì 的用法保留，而读 bié 的用法今已不用，读 bì 时仅用于国名、姓氏等专名。

密，音 mì，形声字，从山，宓声。按《说文解字》的说法，"密"的本义是指形状像堂屋的山。如《尸子》："松柏之鼠，不知堂密之有美枞。"不过明代的字典《字汇》则有不同的看法，编纂者梅膺祚认为"密"字应从宀，表示房屋幽深的意思，比如《周易》："退藏于密。"韩康伯注："言其道深微，万物日用而不能知其原，故曰退藏于密。"姑且不管《说文解字》和《字汇》对"密"字造字理据的解释孰是孰非，"密"

本有幽深、隐蔽处之义是实实在在的。《礼记·少仪》："不窥密。"郑玄注："密，隐曲处也。"由此引申，"密"可表示不公开之类意义，如绝密、保密。这种意义现在仍然多用。

"密"字现代通用的还有另一类意义：表示距离近、空隙小，即与疏相对的意思，如稠密、浓密。引申为细致，如周密、细密。由距离近还可以引申为关系近、感情好，如亲密无间之"密"。

"秘"和"密"虽然都有不公开的意义，但两者在具体内涵上还是有差异的："密"，一般强调的是客观上的不公开性质，而"秘"每每还有强调主观上保守秘密的意思，所以"秘诀""秘方""秘而不宣""秘不示人"之"秘"都不能换成"密"。

链接："秘""祕"与"禾""示"

前文言及，"秘"的现代通用意义来自于"祕"。"秘"从"禾"得义，"祕"从"示"得义，本不该有什么关联，为什么终于发生牵扯呢？以下若干中古时代的实物文字资料或可给出答案：

秘：秘 元崇业墓志　　　祕 高珪墓志

稷：稷 高盛墓碑　　　裖 干禄字书

秦：秦 元信墓志　　　秦 僧静明等修塔造像碑

楔：稧 干禄字书　　　禊 干禄字书

檠：檠 殷恭安等造像记　　　檠 于纂墓志

社：社 穆绍墓志　　　社 元诱墓志

秒：秒 高渟墓志　　　秒 赠沧州刺史王僧墓志

显然，实际书写中的形近混用，导致了"禾"与"示"的联系，进而造成了"秘"承担起了本来应该由"祕"所承担的语言交际职责。

磨 | 摩

[病例] 黄金周里，各大商场每天都是人山人海，顾客磨肩接踵。

【诊断】

"磨肩接踵"应为"摩肩接踵"。音同形似致误。

【辨析】

磨，音 mó，形声字，从石，麻声。古代治玉曰琢，治石曰磨，"琢磨"一词最早就是治理玉石的合称。因为"磨"的本义是指磨制石器，所以以石为义符。后泛指用磨料磨物体使之光滑、锋利或达到某种目的，如《木兰辞》"磨刀霍霍向猪羊"，成语有"临阵磨枪"。又指磨碎粮食的工具，即"磨盘""石磨"之"磨"。也引申为阻碍、困难，如"好事多磨"。磨必有损耗，故"磨"有消失、消耗义，如"不可磨灭""消磨时间"。磨意味着两物接触，所以"磨"又有纠缠义，如"软磨硬泡"

摩，音同磨，形声字，从手，麻声。"摩"的本义是指研摩、摩擦，所以《说文解字》说："摩，研也。"后泛指用手在物体上来回摩擦，如按摩，这也是"摩"字为什么从手的原因。后引申为研究、探求，如观摩、揣摩。《礼记·学记》："相观而善之谓摩。"郑玄注："相切磋也。"摩物意味着近距离接触，因此"摩"还可以表示接近、迫近的意思，《广雅》："摩，近也。"《广韵》："摩，迫也。"曹植《野田黄雀行》："飞飞摩苍天，来下谢少年。"今日则有"摩天大楼"。

"磨""摩"都有"物物相磨"的意思，不过"磨"从"石"，一般用于表示物体相磨；"摩"从五体之一的"手"，用于表示身体的摩擦。成语"摩肩接踵"，语出《战国策·齐策一》："临淄之途，车毂击，人肩摩。"意思是说临淄的街道上，车毂碰着车毂，行人肩与肩相摩，以此形容往来人多，拥挤不堪。此中之"摩"，涉及肩膀，用"磨"不妥。此外"摩"还有迫近的意思，更是"磨"所没有的。

链接："摩课"与"磨课"

"摩课"与"磨课"是现代教育学术语，是提高教师课堂教学水平的两种重要方式。

"摩课"，顾名思义就是通过观看、模仿优秀教师、专家教师的课，对自己的课进行反思，从而达到事半功倍的效果。常见的如"同课异构"，即自己先精心准备上一节课，然后再观摩优秀教师的同一节课，在比较中反思自己课堂教学得失。这种方式便于学习优秀教师课堂教学的精神实质，便于更好地借鉴，能够更有针对性地提高自己的课堂教学水平。

所谓"磨课"则是指教师在"磨砺"与"建构"中提高自己的课堂教学水平。同一节课，自己先上成型课；在优秀教师引领下进行反思，在平行班上提高课；然后在优秀教师引领下反思，完善课。"磨课"并不是要磨炼出一节精品课，而是通过这一过程，通过优秀教师集体智慧的引领，使自己能够深入地反思课堂、重建课堂。优秀教师的引领不是就课说课，而是深挖形成课堂现象的根本原因，帮助教师反思，使他们的反思能够不只停留在思维的表面，而能找到自己的根本缺憾，之后进行"教学改进"和"教学重建"，在实践中体验，付诸行动。

漂 | 飘

[病例] 俄底浦斯挖了双眼，离开底比斯，四处飘流。

【诊断】

"飘流"应为"漂流"。音同义近致误。

【辨析】

漂，音 piāo，形声字，从水，票声。《说文解字》："漂，浮也。""漂"的本义就是浮、浮游，如漂浮、漂流、流血漂橹。后引申为流浪在外、东奔西走，如漂泊、漂寓。此外，"漂"还可以表示冲洗的意思，读为 piǎo，也表示用化学药剂使纤维和丝织品变白，如漂染、漂白。

飘，亦音 piāo，形声字，从风，票声。《说文解字》："飘，回风也。"《尔雅》："回风曰飘。"回风即旋风，"飘"的本义即是指旋风、暴风，如《诗经》"其为飘风"。引申为随风飘动、飞扬，如"风雨飘摇"。白居易《长恨歌》："骊宫高处入青云，仙乐风飘处处闻。"也引申为吹、落，如《楚辞》："东风飘兮神灵雨"，王逸注："飘，言东风飘然而起。"

"漂""飘"都有随风移动的意思，在这类用法时两字有时可以相通，如"漂泊"也可以写作"飘泊"。但在异形词规范中，"漂泊"成为推荐形式。为什么得到推荐的是"漂泊"？"漂"从水得义，"泊"也从水得义，构词的理据更加符合逻辑。同样情况，"飘流"与"漂流"原本也是可以通用的异形词，因为跟 piāo 同义复合的是"流"，所以现在得到推荐的是"漂流"。大致来说，"漂""飘"两字使用中的区别可以遵循这样的原则，与水有关的用"漂"，而与风有关的用"飘"。表示漂浮、漂游的时候要用"漂"，表示飘摇、飘动的时候要用"飘"。"飘零"一词，本来也可作"漂零"，但"零"有从上落下的意思，跟风有关，所以在异形词规范中，"飘零"成为推荐形式。

链接："北漂"还是"北飘"？

"北漂"是指那些从其他地方来到北京（"迁移"应是"漂"的第一层含义），在北京生活但却没有北京户口的人群。他们或已经有职业，或正在寻找发展机遇（"未扎根"应是"漂"的第二层含义）。这些人几乎都是青年人，多数人往往具有一定学历或较高的文化素养、知识技能，他们主要寻求在文化产业、高新技术产业等领域一展抱负。

这个词，似乎还颇有带动力："不管是北漂还是南漂，听听漂一族的歌《广州大道》"，网络上的一段歌曲宣传文字表明，"南漂"一词似乎也跃跃欲试，呼之欲出。

然而，"北漂"又多作"北飘"，上网查询一下就知道，两词的使用率旗鼓相当。"北漂"还是"北飘"呢？笔者的意见，还是"北漂"。原因很简单：靠拢已有的规范。"北漂"之"漂"，"漂泊""漂流"也，既然"漂泊""漂流"都已经以用"漂"为更好，"北漂"自然应该压倒"北飘"。

岐|歧

[病例] 对于承包制的看法理论界存在着尖锐的意见分岐。

【诊断】

"分岐"应为"分歧"。音同形似致误。

【辨析】

岐，音 qí，形声字，从山，支声。古代有岐山、岐水，都在今天的陕西省岐山县境内，其县也是因山得名。岐山是周民族的发祥地，出了很多振兴周族的领袖人物。殷商末年，西伯侯姬昌即后来的周文王又受封于此，确定了周民族与岐地的关系，所以对周民族而言，岐无疑是个圣地。后来，封建时代的礼仪制度乃至思想道德也都以西周为尚，如《论语》里，孔子就说："郁郁乎文哉！吾从周。"与周族先祖有关的事物也都受到崇奉，所以"岐"又成了人名用字。比如清朝有个安岐，字仪周，就是向往西周的意思。

歧，音同岐，形声字，从止，支声。从止的字，大多和行走有关，也就和道路有关。所以，"歧"的本义就是歧道、岔路。如王勃《送杜少府之任蜀川》："无为在歧路，儿女共沾巾。"后引申为岔开、分开，如王安石的诗："又有歧首蛇，南北两欲驰。"也引申为不相同、不一致，如歧视、歧义、歧解。

"歧""岐"除了音同形似之外，在意义上没有丝毫的联系。虽然两者在古代可以通假，不过在近代两者已有明确的分工，"岐"作为人名、地名用字，不再他用。所以，

138

病例应改为"歧"。

链接："凤鸣岐山"与"歧路亡羊"

岐山作为周王朝的发祥地，与其有关的神话故事自然不会少，"凤鸣岐山"便是一例。

相传周文王的时候，内修国政，外结诸侯，于是国泰民安，人们竞相投附。有一次，周文王正在处理国政的时候，忽然听到外面有鸟鸣声，声音十分清脆悦耳，令人心旷神怡。正在文王为此感到诧异的时候，有大臣报告说在岐山发现了一种神鸟，不知何故降临于此，鸣叫不止。于是，周文王带着文武群臣，赶到岐山去观看，果然见到一只长相很奇特的鸟。这种鸟鸿前、麟后、蛇颈、鱼尾、鹳颡、鸳腮、龙纹、龟背、燕颔、鸡喙，五彩具备，高贵无比。周文王问这是什么鸟，大臣们皆摇头不知。最后有一位站出来说，这大概就是神鸟凤凰吧，其出自东方君子之国，翱翔四海之外，过昆仑，饮砥柱，濯羽弱水，暮宿风穴，见则天下大安宁。文王听了以后大喜，厚赏群臣，以为这是上天对自己的肯定，从此更加努力地为公为民，勤于政务。"凤鸣岐山"的故事便由此而生，很快流传开来。那座凤凰栖息过的山现在也叫凤凰山，由于凤凰曾在山上鸣叫，所以其所在之地从此便叫凤鸣镇。

"歧路亡羊"，本指路多岔道而令羊逃走。《列子·说符》："杨子之邻人亡羊，既率其党，又请杨子之竖追之。杨子曰：'嘻！亡一羊何追者之众？'邻人曰：'多歧路。'既反，问：'获羊乎？'曰：'亡之矣。'曰：'奚亡之？'曰：'歧路之中又有歧焉，吾不知所之，所以反也。'……心都子曰：'大道以多歧亡羊，学者以多方丧生。'"后用"歧路亡羊"比喻因情况复杂多变而迷失方向，走入迷途。

歉 | 欠

[病例] 这个人简直坏透了，无论他做了多少坏事，从来都不会有任何的欠疚。

【诊断】

"欠疚"应为"歉疚"。音同形似致误。

【辨析】

歉，音 qiàn，形声字，从欠，兼声。《说文解字》："歉，食不满也。""食不满"就是吃不饱，如李商隐《行次西郊作诗》："健儿立霜雪，腹歉衣裳单。"这是"歉"的本义。后引申为收成不好，如歉荒、歉俭（荒歉）、歉薄（收成微薄）。古代民以食为天，收成不好自然就会贫困，所以"歉"又引申为贫困，如歉弊（贫困）、歉褊（贫困，不宽裕）、歉迫（困厄，窘迫）。人一旦生活贫困，社会地位自然就低，总觉得低人一等，所以"歉"又引申为惭愧，如抱歉、道歉、歉惜、歉疚，这是"歉"现在最常用的意义。

欠，音同歉，象形字，甲骨文写作 ， ，象人张口打呵欠。小篆写作 ，下面是人，上面像人呼出的气，所以《说文解字》说："欠，张口气悟也。""气悟"是"气懈"的意思。"欠"的本义就是人疲倦时打呵欠。由"气懈"之义，"欠"可以引申为缺乏、不足的意思，如欠缺、缺欠。《三国演义》："万事俱备，只欠东风。"也引申为借人东西未归还，即亏欠，如拖欠、欠债。此外，打呵欠时通常伴随相应的身体动作，所以身体或身体的一部分稍微向上移动，也叫"欠"，如欠身。

"歉""欠"都有缺乏、不足的意思，但是"欠"没有惭愧的意思，而"歉"恰恰相反。所以在表示"qiàn疚"时还是应该写作"歉"，同理，抱歉、道歉、歉意之"歉"都不作"欠"。另外，表示收成不好的歉收、歉年之"歉"也不作"欠"。

链接：说"欠"

吹，出气也。从欠，从口。

歇，息也。一曰气越泄。从欠，曷声。

欢，喜乐也。从欠，藋声。

欣，笑喜也。从欠，斤声。

歌，咏也。从欠，哥声。

欧，吐也。从欠，区声。（按：欧即今呕字）

欺，诈欺也。从欠，其声。

以上为部分从"欠"得义字的《说文解字》训释，从中不难发现，"欠"总与人口部动作有关，或呼吸，或言说，或歌咏……

屈｜曲

[病例] 深知党内斗争残酷的他以一个老共产党员的党性严格要求自己，在这桩公案中委屈求全，避免事态的进一步扩展。

【诊断】

"委屈求全"应为"委曲求全"。音近义似致误。

【辨析】

屈，音 qū，会意字。《说文解字》："无尾也。从尾，出声。"古文字作，等，上尾下出，与《说文解字》的字形分析相应。因为从"尾"得义，而尾又以弯曲为常态，故"屈"有弯曲的意思，如屈指可数、屈膝投降、屈伸自如。弯曲往往是受压抑的结果，所以，"屈"又引申出冤枉之类意义，如屈辱、鸣冤叫屈。弯曲的姿态往往意味着屈服，所以"屈"又引申出服输之类的意思，如屈从、宁死不屈。"屈"又有"无"的意思，如"理屈词穷"之"屈"。

曲，音同屈，象形字，古文写作，本是蚕箔的形象。或许是因为蚕箔有弯曲的特征，"曲"通常表示和"直"相对的意思。后来引申为不合理、不公正，如歪曲、曲解。又引申为偏僻隐秘的地方，如心曲、乡曲。走曲线必然路线更长，因此，"曲"又有曲折周到的意思，如《荀子》"其行曲治，其养曲适"，成语有"曲尽其妙"。"曲"又表示乐曲，这种场合读为 qǔ。

"屈"和"曲"都可以和"委"组词，两者的区别在于："委屈"常指受到不应该有的责备或待遇，感到压抑，心里

142

有说不出的一种痛苦，侧重于思想、情绪等内心的活动。而"委曲"常指勉强迁就、曲意顺从，侧重于外部行动的表现。此外，"委曲"原义是弯弯曲曲或曲折，所以还可以组成词"委曲婉转"，表示善以言辞细致耐心地劝导别人。对一件事情的底细始末知道得很详细，也可以称"委曲详尽"。同理，"委曲求全"在表示为个人利益让步时，含有贬义，但要是为了顾全大局，只是作暂时的妥协和退让，这就带有积极的意义了。

单就"屈"和"曲"二字而言，虽然都有弯曲意义，但"屈"所指的弯曲度小，而"曲"所指的弯曲度则可以很大。屈，多用于抽象事物，如态度、理由；曲，则多用于具体可见的事物。所以屈从、屈节等不能用"曲"，而曲尺、曲柄、曲轴等不能用"屈"。

链接："不战而屈人之兵"

"不战而屈人之兵"，一个至今尚为人津津乐道的成语，语出《孙子·谋攻篇》："故善用兵者，屈人之兵，而非战也……必以全策争于天下，故兵不顿而利可全，此谋攻之法也。"大意不难理解，但这个成语的具体意义怎么解释呢？以下是网上找到的一则说解文字："善于用兵的人，降伏敌人的军队，却不用硬打……"

显然，对应于"屈"，解释者用了"降伏"两字，无疑是把"屈"理解为屈服，只是活用为使动而已。然而，此乃曲解。

"屈"字从"尾"得义，尾乃躯体末端，《说文解字》则曰："屈，无尾也。"其中"尾"的出现是形训使然，主要意义则在"无"上。故知"屈"字本义为"无"，即"理屈词穷"之"屈"。此"屈"与"穷"对应，正是穷尽、无有之意义。由此可知，"不战而屈人之兵"之"屈"，即"无"也。

雀|鹊

[病例] 网络里的情感既然是边缘情感，就让它存在于网络的边缘，而不能鸠占雀巢、越俎代庖。

【诊断】

"鸠占雀巢"应为"鸠占鹊巢"。同音同类致误。

【辨析】

雀，音 què，会意字，从小，从隹。"隹"是短尾巴鸟的统称，上面再加一个"小"字，表示鸟之小者。《说文解字》："雀，依人小鸟也。"可见在古人眼里麻雀给人的印象就是个头比较小。此外麻雀吱吱喳喳的叫声也没有逃过古人的耳朵，所以"雀"也成了喧闹的代名词，如雀喧鸠聚、鸦雀无声。麻雀腿短，翅膀也短，飞不高也飞不远，经常在场前屋后觅食，故有"门可罗雀"一说。而稍加观察便可发现，麻雀总是双腿并拢着跳来跳去的，由此产生了一个常用词"雀跃"，人们常用它来形容一种欢快活泼的气氛。此外，麻雀还有胆小的特点，成语"雀目鼠步"，就是用麻雀和老鼠来比喻惶恐的神态。毛泽东同志在《念奴娇·鸟儿问答》中便有"炮火连天，弹痕遍地，吓倒蓬间雀"的句子。

鹊，音同雀，形声字，从鸟，䏲（zé）省声。"鹊"尾巴长，故以"鸟"作形符。"鹊"和"雀"不同，它敏捷、善飞，飞行速度极快，如离弦之箭。所以，形容一个人的知名度迅速提升时，便可以比之为"声名鹊起"。"鹊起"不能误为"雀起"，否则赞扬岂不成了嘲讽？

"雀"和"鹊"，读音相同，又都属鸟类，难怪常有人"鹊"

144

冠"雀"戴。比如"鸠占鹊巢"就常有人写作"鸠占雀巢"。其实雀巢和鹊巢还是有很大区别的。鹊筑巢很讲究，对树枝的选择和材料的搭配都有相当高的要求，而雀则有点得过且过，屋檐下、草堆中都可栖身。关于这点可举《诗经》为证，《诗经·召南·鹊巢》："维鹊有巢，维鸠居之。"朱熹解释说："鹊善为巢，其巢最为完固。鸠性拙不能为巢，或有居鹊之成巢者。"这里的"鸠"，有人说指布谷鸟，也有人说指红脚隼，待考。后来形成成语"鸠占鹊巢"，比喻强占别人的房屋、土地等。"鹊"不写作"雀"，因为麻雀窝恐怕别的鸟也看不上。如果"鹊"的窝都被"鸠"给占了，大家还要说这巢不是它筑的，那可真是对它很不公平了。

链接：成语中的"雀"和"鹊"

在中国人的心目中，"雀"和"鹊"的地位大不一样，从以下成语中也可以窥见一斑，提醒我们："雀"和"鹊"有别，不可混用。

"声名鹊起"：形容知名度迅速提高。

"灵鹊填河"：民间传说天上的织女每年七月初七之夕渡银河与牛郎相会，喜鹊飞来搭桥。因用以比喻夫妻或情人团聚。

"鹊返鸾回"：形容字写得神采飞动，如盘旋往复的鹊鸟和鸾鸟。

"鹊驾银河"：俗传七夕鹊鸟架桥于银河以渡牛郎、织女。借指婚配。

"燕雀之见"：比喻浅薄的见识。

"雀儿肠肚"：形容度量狭小。

"随珠弹雀"：《庄子·让王》："今且有人于此，以随侯之珠，弹千仞之雀，世必笑之。是何也？则其所用者重，而所要者轻也。"后因以"随珠弹雀"比喻处理事情轻重失当，得不偿失。

阙 | 阕

[病例] 一下汽车，我们就看见了这片被废弃的城阕。

【诊断】

"城阕"应为"城阙"。音同形似致误。

【辨析】

阕，音 què，形声字，从门，癸（guǐ）声。《说文解字》："阕，事已闭门也。""阕"的本义指祭事结束而闭门，引申为止息、终了，如张协《七命》："繁肴既阕，亦有寒羞。"《汉书》："物物印市，日阕亡储。"颜师古注："阕，尽也。日阕，言当日即尽，不蓄积也。"古代歌曲以"阕"为称，所以"阕"还可以特指乐曲，乐一遍为一阕，曲终也为阕。如马融《长笛赋》："曲终阕尽，余弦更兴。"此外，词的上下段也叫"阕"，如上阕、下阕。

阙，音同阕，形声字，从门，欮（jué）声。《说文解字》："阙，门观也。"古代在宫殿、祠庙或陵墓前筑有高台，通常左右各一，叫作"阙"，又因为台上有楼观，可以远眺，所以也叫"观"。如《诗经·子衿》："挑兮达兮，在城阙兮。"《史记·高祖本纪》："萧丞相营作未央宫，立东阙、北阙、前殿、武库、太仓。"因为皇家的阙比较雄伟，所以"阙"后来成了宫门的代称，如阙庭、宫阙。又成了帝王居地的统称，如《汉书·朱买臣传》："诣阙上书，书久不报。"神庙、坟墓之前砌立的石雕，叫石阙。李白《忆秦娥》："音尘绝，西风残照，汉家陵阙。"说的就是石阙。此外，古代

"阙""缺"相通,所以"阙"还可以表示残缺、不完善的意思,如"拾遗补阙""付之阙如"之"阙"。

"阖""阙"虽然音同,且都以门为义符,不过前者本指闭门,引申为终了,后者是楼观,属于古建筑形式,明乎此,区分两者并非难事。

链接:说阙

阙,在中国古建筑中是一种特殊的建筑类型,它的发展变化很大。现存的地面古建筑中,以阙为最早,汉代的地面古建筑除一两处石祠而外,就是阙了。阙一般有台基、阙身、屋顶三部分。

阙,又称作两观、象魏,实际上是外大门的一种形式,与牌楼、牌坊的起源可能有相同之处,但后来的发展则分道扬镳、各尽其能了。根据《说文解字系传》的解释,"阙"这种建筑物是古代帝王在宫廷大门之外建两个对称的台子,在台子上建楼观,上圆下方,因其两台子之间阙然为道,所以称为"阙"。因为在阙楼上可以观望,所以又称之为观。又因在阙上悬挂法典,所以称之为象魏,《周礼·天官·太宰》上就有"乃悬治象之法于象魏"的记载。因此,古时候经常把阙作为帝王宫廷的代表。岳飞《满江红》词里的"待从头,收拾旧山河,朝天阙",指的也是帝王的宫殿。秦始皇的阿房宫"表南山之巅以为阙",把高山引来作为他宫殿的外大门,气势更为雄伟。

茸 | 葺

[病例] 江西省宜春市袁州谯楼修茸一新，已于 12 月 8 日重新向游人开放。

【诊断】

"修茸"应为"修葺"。形似致误。

【辨析】

茸，音 róng，形声字，从艹，聪省声。《说文解字》："茸，草茸茸皃。""茸"即草初生时纤细柔软的样子，也指初生嫩草，如谢灵运的诗"初篁苞绿箨，新蒲含紫茸"。后也指柔细的兽毛，如茸毛（柔细的毛）、茸茸（形容毛发等浓密柔软）。此外，在古代鹿茸也简称"茸"，如黄庭坚的诗："河天月晕鱼分子，槲叶风微鹿养茸。"

葺，音 qì，形声字，从艹，咠声。显然，"葺"与"茸"的不同，在于多了一个"口"，即艹下为咠，而不是耳。这个咠字，现在已不多用，虽然其中也有"耳"，但却与"耳"字音义迥异。"咠"音 qì，以"口""耳"会意，表示附耳私语。与三个耳构成的"聶"，以及三个舌构成的"讟"意思相同。"咠咠"一词，可以表示窃窃私语貌，也可以表示毁谤、进谗。由此可见，"葺"字与"茸"字，尽管仅一"口"之别，但却差之千里。《说文解字》："葺，茨也。"所谓"茨"，就是指用茅草盖屋。"葺"字在现代汉语中一般仅出现在"修葺"一词中，表示修理房屋。把"修葺"写成"修茸"，不但意义上莫名其妙，读音也差得很远。

链接："葺"的词义引申

"葺"字，从艹得义，故其本义为用茅草覆盖房屋。《左传·襄公三十一年》："缮完葺墙，以待宾客。"孔颖达疏："葺墙，谓草覆墙也。"南朝梁沈约《郊居赋》："因葺茨以结名，犹观空以表号。"

由"用茅草覆盖房屋"的本义引申开去，"葺"又泛指覆盖。《楚辞·九歌·湘夫人》："筑室兮水中，葺之兮荷盖。"《南史·吕僧珍传》："悉取檀溪材竹，装为船舰，葺之以茅。"

"用茅草覆盖房屋"，自然也是修建房屋的一种常见形式，所以"葺"又引申出修理、修建房屋的意义。《南史·刘璓传》："兄弟三人共处蓬室一间，为风所倒，无以葺之。"唐皇甫冉《酬权器》诗："闻君静坐转耽书，种树葺茅还旧居。"宋陆游《老学庵笔记》卷四："青城十里外有一寺，曰布金，洪水坏之，今复葺于旁里许。"

"修建房屋"这个意义在抽象化，"葺"又可以表示整理、整治。《北史·许善心传》："自入京邑以来，随加补葺，略成七十卷。"宋叶适《上孝宗皇帝札子》："陛下感念家祸，始初嗣位，葺两淮，理荆襄。"

"用茅草覆盖房屋"，就是屋顶上加盖茅草，因此"葺"又可以表示重叠、累积。《楚辞·九章·悲回风》："鱼葺鳞以自别兮，蛟龙隐其文章。"《文选·左思〈吴都赋〉》："葺鳞镂甲，诡类舛错。"刘逵注："葺，累也。"宋梅尧臣《还吴长文舍人诗卷》诗："葺书成大轴，许我观琼璧。"

综上，"葺"的词义引申脉络可以归纳如下表，其中没有任何一个环节与"茸"发生纠葛：

用茅草覆盖房屋→修建房屋→整理，整治

↳重叠；累积

融|熔

[病例] 到 20 世纪 90 年代全球冰川呈现出加速熔化的趋势，这一时段也正好是有记录以来全球最为温暖的 10 年。

【诊断】

"熔化"应为"融化"。音同义近致误。

【辨析】

融，音 róng，《说文解字》的籀文写作鬸，从鬲，蟲声。蟲为虫（chóng）的繁体。"鬲"古文字写作鬲，是一种有三个足的炊具，而这三个足还是空心的。很显然，这样的设计，是为了更好地传热，所以"鬲"应该是古人心目中最能够融化食物的炊具，因此，它便被安排在"融"字中用来表义。"蟲"与"融"古音相近，所以前者能够充当后者的声符。但由于字形较为复杂，"蟲"后来被简化作"虫"，"融"便成了从鬲，蟲省声。与字形的造字意图相应，"融"本表示炊气上出的意思，又可以表示令固态物变成液态物，即融化的意思，而后者成为"融"字后来的基本意义。令固态物变成液态物，意味着事物的相互渗透，所以"融"又引申出融合、调和的意思，如融会贯通、水乳交融。融化又意味着物体的流动，因此"融"又有流通的意思，如融资、金融。

熔，音同融，形声字，从火，容声。表示物体受到一定的温度后由固态变成液态，如熔化、熔解、熔点、熔剂、熔炉。

"熔"和"融"虽然都可以表示令固态物变成液态物

的意思，但两者的具体内涵却有明显差异："熔"强调的是加热熔化，以加热为熔化的条件；而"融"强调几种不同物体的交融，或无须特别加热而发生的融化，如冰雪变成水。因此病例中"熔化"当改为"融化"。

链接："虫"与"蟲"

虫，本音 huǐ，与今日读 chóng 的"虫"字本非一字。象形字，汉字部首之一，甲骨文字形作🐍、🐛，金文写作🐍、🐛，按《说文解字》的说法，虫的本义是指蛇，而且是一种名叫"蝮"的毒蛇，即今天的"虺"蛇。这种蛇三寸长，头有擘指大，字形就像其卧着的样子。《说文解字》写作🐍，等到了汉印🐛、汉简🐛的时候，字形就已经和现在的相同了。

"蟲"，今日"虫（chóng）"的繁体，以三"虫（huǐ）"会意。"蟲"，即今天"昆虫"的"虫"字。但很早就已经简化作"虫"。如《列子·黄帝》："禽兽虫蛾。"《诗经·鸡鸣》："虫飞薨薨。"在现在汉语中，"虫"统读 chóng，不再表示虺蛇的意思，而成为虫类的统称。

揉丨糅

[病例] 调查发现，有些传统古镇古街杂揉进了时尚高大的现代建筑，有的则被淹没在现代建筑中。

【诊断】

"杂揉"应为"杂糅"。音同形似致误。

【辨析】

揉，音 róu，形声字，从手，柔声。"揉"的一个用法同"煣"，"煣"表示用火使木条弯曲或伸直的意思，而这个意义的"揉"后来并不一定包含用火加热的意义内涵，如"矫揉造作"、《汉书·公孙弘传》"揉曲木者不累日"。《广韵》："揉，捼也。""捼"就是手来回搓或擦，如揉眼睛之"揉"。再引申为团弄，如揉面——这个意义最为常用。"揉"在历史上也有错杂的意义，如《世说新语·文学》："皆粲然成章，不相揉杂。"

糅，音同揉，形声字，从米，柔声。"糅"古代也写作"粈"，《说文解字》："粈，杂饭也。""糅"的本义是杂饭，故从米得义。后引申为混杂、混合，如《论衡》："紫朱杂厕，瓦玉集糅。"

"揉""糅"历史上都有把不同的事物相混杂的意思，不过从字源来看，"糅"字本义就表示米饭的混杂，引申义与本义之间关系更近。所以在现代汉语规范中，对两者的用法作了分工："揉"专指揉搓，而"糅"专指杂糅。因此病例中的"杂揉"只能改作"杂糅"。

链接：词的本义和引申义

所谓词的本义，就是词本来的意义。汉语的历史非常悠久，在汉字未产生以前，远古汉语的词可能还有更原始的意义，但是我们现在已经无从考证了。今天，我们所说的本义，只是上古文献史料所能证明的本义，了解这种本义，对我们阅读古书有很大的帮助。

一个词往往不只具有一个意义。当具有两个以上的意义时，其中应该有一个是本义，另外还有一个或一些引申义。所谓引申义，是从本义"引申"出来的，即从本义发展出来的。词义的引申不同于词义的更替，因为后者在产生新的意义时排斥了旧的意义。例如"脚"字的本义是小腿，后来"脚"字变为指"足"，也就不再指小腿了。而词义的引申则不然，一个词产生了新的引申义以后并不排除原始意义。在汉语的发展过程中，引申义很重要：一方面它增强了语言的稳固性，使语言不至于面目全非；另一方面，它使语言丰富化了。

引申义有远近之分。近的引申义很容易令人意识到，如长短的"长"引申为长久的"长"，尊长的"长"引申为首长的"长"。远的引申义就不容易让人意识到，例如长短的"长"引申为首长的"长"，不但意义远了，连读音都改变了。其实长短的"长"和滋长的"长"，意义还是相当近的，因为草木滋长（zhǎng）是越来越长（cháng）了。然后滋长的"长"引申为长幼的"长"，再引申为首长的"长"。这样利用一个词的本义去理解它的引申义，就像抓住了这个词的纲，纷繁的词义都变为简单而有系统了。

瘙|搔

[病例]这家医院在治疗皮肤搔痒方面有很好的声誉。

【诊断】

"搔痒"应为"瘙痒"。音近形似致误。

【辨析】

搔,音 sāo,形声字,从手,蚤声。《说文解字》:"搔,括也。""搔"的本义是指用指甲轻刮,用指甲挠,如搔痒、搔背、搔头皮。杜甫《春望》:"白头搔更短,浑欲不胜簪。"

瘙,音同搔,形声字,从疒(nè),蚤声。《广韵》:"瘙,疮瘙。""瘙"的本义是指疥疮,如瘙疳(疮名,性病的一种)。后引申为(皮肤)发痒,如瘙蹄(指马、牛等蹄的凹部所患奇痒难忍的湿疹)、瘙痒病(仅有瘙痒感觉而无原发性病变的皮肤病,有全身性和局部性两种)。

"搔痒"和"瘙痒"都读为 sāoyǎng,音相同,意义却大相径庭。"搔痒"是动词,指挠痒;"瘙痒"是形容词,指皮肤发痒难受。如果说一个医院只能在挠痒方面有所建树的话,那么这个医院离倒闭也快不远了。

链接:说"蚤"

"蚤",小篆作𧌐,《说文解字》:"蚤,啮人跳虫。从䖵,叉声。叉,古爪字。"作为小篆"蚤"字义符的䖵,读 kūn,即今日昆虫之"昆"的本字,可见"蚤"的造字意图与其本义相一致,就指跳蚤这种吸血的小虫。

显然，"蚤"与"搔""瘙"都有关系：人被"蚤"咬了就会"瘙痒"，因此免不了要去"搔痒"。由此不难窥见形声字声符与字义的某种逻辑联系，也凸显了汉字构形系统本身的奥妙。

"蚤"字在古书中多被用作"早"，于是有人发表"高见"：古人不讲卫生，身上多有跳蚤，每天早上起床后的第一件事就是要把身上的跳蚤剿灭一番。于是，"蚤"就有了"早"义。

此说虽然"新颖"，但却缺乏证据，暂且当个故事听吧。

沙┃砂

[病例]Photoshop 轻松打造磨沙玻璃特效——某网站标题

【诊断】

"磨沙"应为"磨砂"。音同形近致误。

【辨析】

沙，音 shā，会意字，从水，从少。"沙"金文写作、、、 等形，一边是水，一边象沙粒之形。《说文解字》："沙，水中散石也，水少沙见。""沙"的本义为极细碎的石粒，这时也可写作"砂"，如沙砾（细沙和碎石，也作砂砾）、沙痕、沙堤、沙泉（沙上涌出的泉水）。《楚辞·招魂》："红壁丹沙。"后水边或水中由沙子淤积成的陆地也叫"沙"，如沙滩、沙洲。《诗经·凫鹥》："凫鹥在沙。"引申为沙地，即水边可耕之地，如沙田、沙坑（流沙淤积的洼地）、沙民（沙田上耕作的民丁）、沙裙（沙田边缘的荒地）。沙漠没有水，但却是沙的"海洋"。所以"沙"可以指沙漠，组成沙莽（大漠）、沙朔（塞北）、沙陲（边陲沙漠之地）、沙塞（沙漠边塞）等词。有些像沙的东西也可以叫作"沙"，如豆沙。嗓音不清，通感上就如同有沙而产生摩擦，所以也可以叫"沙"，如嗓音沙哑。

砂，音同沙，会意字，从石，从少。"砂"相对于"沙"是个后起字，据《玉篇》，"砂"是"沙"的俗字，古代"少""小"同源，"少石"即"小石"，也就是小石头的意思，如砂粒、砂壤、砂纸、砂轮。"砂"后来也泛指细碎如砂的物质，如砂糖。道家所炼的丹砂，也简称"砂"，如朱砂、砂汞（丹砂和水银）。

　　"砂"与"沙"音义相近，极易混用。原则上可以做这样的区分：由水流冲刷成的叫沙；由岩石风化成的叫砂，对一些需要打磨的东西，人们也习惯用"砂"。所以，"磨砂"不能写成"磨沙"。

　　此外还需要注意的是，"沙眼"和"砂眼"是两个完全不同的词，前者是一种眼病，而后者是指由气体或杂质在铸件上形成的小孔。

链接："砂锅、沙锅"与"砂糖、沙糖"

　　"砂锅、沙锅"与"砂糖、沙糖"为两组异形词，而前者均为推荐形式。《现代汉语异形词规范词典》就这种处理作了如下解说：

砂锅、沙锅

　　《现代汉语词典》只收"沙锅"。[编者注：《现代汉语词典》（第7版）"砂锅""沙锅"两词均收，以"砂锅"为主条。]《汉语大词典》两词均收，释义一致，所指相同。《异体词整理表》视为全等异形词。

　　词频统计：砂锅13，沙锅11。

　　二者为全等异形词。陶器多用"砂"，宜以"砂锅"为推荐词形。

砂糖、沙糖

　　《现代汉语词典》《辞海》只收"砂糖"。《汉语大词典》以"砂糖"为主条，注明"又称沙糖"；副条"沙糖"注明"即砂糖"。

　　词频统计：砂糖22，沙糖0。

　　二者为全等异形词。砂糖呈结晶体砂粒状，根据"砂""沙"的分工趋向和通用性原则，宜以"砂糖"为推荐词形。

颂 | 诵

[病例] 董永卖身葬父的孝举感动七仙女下凡的故事已流传了千百年，至今仍为人们所诵扬。

【诊断】

"诵扬"应为"颂扬"。音同义近致误。

【辨析】

颂，音 sòng，形声字，从页 (xié)，公声。从"页"的字一般与头有关，所以"颂"的本义是指容貌、仪容，《说文解字》："颂，皃也。""皃"即"貌"。此外，"颂"还是古代乐曲之名，如《诗经》有周颂、鲁颂、商颂，是祭祀先祖时的庙歌。庙歌大多都是崇敬赞美之辞，所以"颂"又有称颂、赞颂的意思，如颂扬、称颂、歌功颂德。

诵，音同颂，形声字，从言，甬声。《说文解字》："诵，讽也。"古代"背文曰讽，以声节之曰诵"，所以"诵"的本义是指背诵、朗读。如《礼记》："春诵夏弦。"《国语·楚语》："宴居有师工之诵。"《论语·子罕》："子路终身诵之。"《孔雀东南飞》："十五弹箜篌，十六诵诗书。"由这种"朗诵""吟诵"之义，"诵"又引申为"背诵"，如"熟读成诵"。再引申为"述说"，如"传诵"之"诵"。

"颂""诵"都有说的意思，区别是："颂"是赞扬，而"诵"只是出声地念；"颂"有感情色彩，"诵"是中性的。所以在表示赞扬的意思时，只有用"颂扬"才是正确的。

链接："颂"与"容"

从字源来看，"颂"本来就是"面容"之"容"字，那么，本义为容貌、仪容的"颂"如何有了颂扬、称颂的意义，进而使得"容貌"的本义只能让位于"容"去表示呢？

"颂"字较早具有颂扬意义的用法是《诗经》"风雅颂"的"颂"，包括《周颂》31篇、《鲁颂》4篇、《商颂》5篇，共40篇，合称"三颂"。对于"颂"的解释，最早见于《诗·大序》："颂者，美盛德之形容，以其成功告于神明者也。"据阮元的解释，"容"的意思是舞容，"美盛德之形容"，就是赞美"盛德"的舞姿的"身形容貌"。如《周颂·维清》是祭祀文王的乐歌，《小序》说："奏象舞也。"郑玄《毛诗传笺》说："象舞，象用兵时刺伐之舞。"就是把周文王用兵征讨刺伐时的情节、动作，用舞蹈的形式表现出来，这可以证明祭祀宗庙时不仅有歌，而且有舞，"载歌载舞"可以说是宗庙乐歌的特点。近代学者也多以为"颂"是宗庙祭祀之乐，其中有一部分是舞曲。

由此我们可以发现，"颂"的颂扬、称颂意义，最初是与古代礼乐制度强调舞蹈姿容的要求相联系的，由此而最终发生了角色转换，让"容"字取代了自己原初角色。

疼|痛

[病例] 奶奶把囡囡抱起来放在膝盖上，开心地说："你这个小家伙，什么时候也学会心痛起人来了啊？"

【诊断】

"心痛"应为"心疼"。音近义似致误。

【辨析】

疼，音 téng，形声字，从疒，冬声。疒，甲骨文写作𤕫、𤕫，爿即古牀（床）字。《说文解字》："疒，倚也。"疒，象人有病而卧、倚在床上之形。所以从疒的字大多和疾病有关，如瘫、痈、疹、疴等。"疼"也是一种病，古代叫痹，风湿病。后泛指，引申为由疾病或创伤而引起的难受的感觉，即痛，如《广雅》："疼，痛也。"在现代汉语中，这是"疼"的基本意义。此外，"疼"还有怜爱的意思，如疼爱、心疼。

痛，音 tòng，形声字，从疒，甬声。"痛"的本义也是指由疾病或创伤而引起的难受的感觉，如耳痛、体痛、身体痛。后引申为痛恨，如成语"痛入骨髓"（形容痛恨到极点）、深恶痛绝（极端痛恨、厌恶）、诸葛亮《出师表》"叹息痛恨"。也引申为严酷、严厉，如痛斥、痛法（严厉的刑法）。还可以引申为彻底地、尽情地，如痛快、痛饮、痛醉、痛杀。

"疼""痛"都可表示由疾病或创伤而引起的难受的感觉，所以有时并不容易区分。两字的意义差异，大致可以归纳为以下几点：在表示由疾病或创伤而引起的难受的感觉时，"疼"的程度较轻，"痛"的程度较深。"疼"比"痛"更多地应用于口语之中。此外"疼"有爱怜的意思，"痛"没有；而"痛"有痛恨、痛快等义项，"疼"也没有。所以"心疼"指疼爱，而"心痛"则指难过，成语"痛心疾首"如果写作"疼心疾首"，就不知所云了。

链接："痛疼"

创新在表象上一定是不按常理出牌、不按规矩行事的。于是，我们在网上的文学作品中看到了"痛疼"：作品标题为"痛疼的爱：为爱而生"。

相关评论说："疼由爱生，痛由爱生，疼痛由爱生。所以梁祝才会化蝶，所以黛玉才会葬花，所以小仲马才会因为茶花女而扬名天下。"值得注意的是，评论将"痛疼"又转换成了"疼痛"。类似"痛疼"的这类词语未来命运如何，它们能不能通过语言交际的社会公众筛选？我们拭目以待。

贴丨帖

[病例] 日本宪法由美国主导制订，日本的经济、科技、军事的发展基本依赖美国，日本对美国也是俯首贴耳。

【诊断】

"俯首贴耳"应为"俯首帖耳"。近义词误用。

【辨析】

"帖"与"贴"是两个在实际语言交际中不易分清的字，特别是在服从、顺从这类意义上更是如此。如"俯首帖耳"，人们常写作"俯首贴耳"。《第一批异形词整理表（草案）》将用"帖"者定为规范词形，用"贴"者定为淘汰词形。撇开使用频率的因素，仅从方便理解词义的角度来看，这种处理也是合理的。

帖，形声字，从巾，占声，在表示服从、顺从的意思时，读为 tiē。《说文解字》："帖，帛书署也。"在造纸术发明以前，竹木和织物是人们主要的书写材料。"帖"字的本义就是以绢帛为质料的题写书名或篇名的标签，后来人们又用这种标签来指称它所标识的整个文字内容本身，于是便产生了"请帖""字帖"之类称名，读作 tiè。

以柔软而又坚韧的绢帛为质料的书籍标签总是可以服服帖帖、顺顺遂遂地贴附在用竹木条编成的简册、卷轴上的，所以"帖"字便很自然地具有了"服从""顺从"之类的意义。直到如今，许多传统书画卷轴上的题签仍用绢帛。

"贴"也是一个形声字，且只有一种读音 tiē。《说文解字》：

"以物为质也。从贝，占声。""贝"有钱财的意思，从"贝"得义，所以"贴"最初的意义是典押。典押在本质上是弥补亏缺，所以"贴"有了"补"这个引申义，如补贴、津贴。由补贴义再引申，"贴"又有了粘贴之义，如张贴、招贴。粘贴是把薄片状的东西粘在另一东西上，"贴"又因此引申出紧挨义，如贴近。也引申出服从、顺从义，如服贴。可见，"俯首帖耳"中的"帖"如果换成"贴"也不是毫无道理的。

然而，比较才能鉴别，综上所述，"帖"的"服从""顺从"义，是其本义的直接引申，可示为：贴附在书籍卷轴的绢帛质书籍标签→服从、顺从

而"贴"的"服从""顺从"则是其本义的间接引申义，可示为：典押→补→粘贴→贴近→服从、顺从

两相比较，"俯首帖耳"中"帖"的用法更接近本义，因而比"俯首贴耳"的词形更便于理解词义，作为规范词形显然是更加合理的。同理，"服帖"与"服贴"，"妥帖"与"妥贴"等等，也应作这样的处理。

链接："帖"字的其他读音及用法

"帖"字除了读 tiē，表示服从、顺从的意思外，在现代汉语中还有另外两种读音，tiě 和 tiè。

"帖"读 tiě 时，有的字典用"书柬"的"柬"来概括。请人参加某种庆典、聚会的通知叫"请帖"，写着名字的叫"名帖"，写着生辰八字的叫"庚帖"。

"帖"读 tiè 时，专指供写字和绘画临摹的样本，如字帖、碑帖、画帖、法帖。

中医写的药方也是一种纸帖，所以"帖"又成为指称中药汤药的量词。但是需要注意的是，"一帖（tiě）药"，指若干味药配合起来的一种汤药，而"一贴（tiē）药"则是指膏药之类的东西了。

庭|廷

[病例] 公元1149年，金国国内发生宫庭政变。

【诊断】

"宫庭"应为"宫廷"。音同义近形似致误。

【辨析】

庭，音 tíng，形声字，从广（yǎn），廷声。《说文解字》："庭，宫中也。"段玉裁注："宫者，室也。室之中曰庭。"可知"庭"的本义就是指房屋的中间部分——厅堂。在中国传统建筑中，通常与厅堂相对的就是院落，因此"庭"又引申为堂阶前的院落，如庭院、前庭、门庭若市等。在一个家庭的建筑中，厅堂是议决家事、举行典礼的地方，具有办公场所的性质，因此"庭"后引申为法官审判案件的地方，如庭长、法庭、开庭等。

廷，音同庭，形声字。金文作，以乚、土、彡构成。乚、土相组合，表示阶前曲地，彡表示读音。《说文解字》："廷，朝中也。""廷"的本义就是指朝廷，即皇帝接受朝见和议论政事的地方。如廷试（由皇帝亲自策问，在朝廷上举行的考试）、廷杖（帝王在朝廷上杖责臣子）、廷寄（清廷给地方高级官员的谕旨）、廷臣（朝内大官）等。

"庭"和"廷"本义都是指庭院的意思，不同的是，"庭"是指普通人家里的庭院，而"廷"专指皇帝的庭院，所以"宫廷政变"不能写成"宫庭政变"。还有一种说法："庭"和"廷"不仅仅是有字形上的区别，更表现在政治意识上的区别。因为"广"是房屋的意思，在封建社会里的普通人家是不能出头的，所以普通人家的房屋一定要用"广"盖住头，而皇帝是天子，是要时刻秉承天意的，因此皇帝的房屋不能盖住头，至少在字形上要有所区别，所以皇帝的庭院就用"廷"了。说法虽然牵强，但有助于理解，故录于此。

链接：古代的朝、庭

据史料记载，春秋时，贵族住宅大多由正门、侧门、闺门、厢房、堂、室构成。从正门到堂，通常有两重院落，中间以闺门相隔。"闺"就是小的意思，闺门即口语里的二道门。以前我们说某某人比较娇气，"大门不出，二门不迈"，"二门"说的就是它。

闺门的设立，把原本统一的一个院落，分成了两个部分。靠近大门的叫外庭、外朝，二门以内为内庭、内朝。文献上的朝或庭一般都是指内庭。二门以内是主人居住之所，外人一进入二门，双方就要严格地按"礼"行事。因此闺可指内宅，女子叫内眷，其所居之地谓之闺阁、闺房。

君王之庭，又叫朝、朝廷。君王的庭都比较大，而且根据不同的官职会在不同的位置种不同的树。《周礼》："左九棘，孤卿大夫位焉（站立在那里），群士在其后；右九棘，公侯伯子男位焉，群吏在其后；面（正面）三槐，三公位焉，州长众庶在其后。"槐、棘后来成了朝廷高位的标志。如《陈书·侯安都传》"位极三槐，任居四岳"，任昉《桓宣城碑》"将登槐棘，宏振纲网"，都以槐、棘喻三公。

此外，君王的庭中还设有火炬，叫庭燎。如《诗经》"夜如何其？夜未央，庭燎之光。"可见诸侯大夫家也有庭燎。按《大戴礼记》的说法，天子百燎，公五十，侯伯子男三十。《韩诗外传》："齐桓公设庭燎，为士之欲造见者。"《国语》："（周襄王）馈九牢（太牢），设庭燎。"可见庭燎不全是为了照明，也是为了接待宾客显得隆重。

捂|焐

[病例] 我刚要说出事情的真相来，就被他焐住了嘴。

【诊断】

"焐住"应为"捂住"。音近形似致误。

【辨析】

捂，音wǔ，形声字，从手，吾声。《仪礼·既夕礼》："若无器，则捂受之。""捂受"就是面对面相授，"捂"即对面的意思，这是"捂"的本义，后引申为抵触，如抵捂不合。"捂"现在多指把东西严密地盖住或封闭起来，如捂鼻子、捂盖子，谚语有"挡住千人手，捂不住百人口"。

焐，音wù，形声字，从火，吾声。用热的东西接触凉的或湿的东西使暖和、变干，叫"焐"，如焐脚、用热水袋焐手。

"捂""焐"除了音近形似之外，在意义上毫无瓜葛。"捂"常见的如捂住嘴、捂住脸，捂东西要用手，所以"捂"字以手为义符。"焐"字常见的有焐手、焐脚、焐炕头，焐东西要用火，所以"焐"字以火为义符。这么一想，区分起来就容易多了。

链接："焐脚"与"焐热"的引申义

"焐脚"，顾名思义，偎暖脚部也。但是别人要给你"焐脚"时，可得千万留神，因为"焐脚"还有个引申义，意思是"同睡"。马致远《青衫泪》第二折："小子久慕大名，拿着三千引茶，来与大姐焐脚。"所以，千万别随便让别人焐了脚，痛失名节！

"焐热"，无疑是个新词，《汉语大词典》中尚找不到它的身影。但如今搜索网络，"焐热"的检索结果达10余万，俨然已成了热门词。"焐热"者，顾名思义，用热的东西接触凉的东西使之变热也。然而，如今的"焐热"却并不那么简单。且看一则新闻：

春晚"焐热"央视一套　《完美》趁机夺状元

央视春节晚会获得了巨大的成功，也使央视一套在近期聚拢了不少人气。情感剧《完美》虽并无太多闪光之处，但仰仗着央视一套黄金时段这一平台,收看的观众还是不少。

显然，如此"焐热"，意思是使之火起来,让它受欢迎也。

鹜│骛

[病例] 研究人员表示，中年女性在减肥时一定要基于个人自身的实际情况，切不可盲目、好高鹜远。

【诊断】

"好高鹜远"应为"好高骛远"。音同形似致误。

【辨析】

鹜，音 wù，形声字，从鸟，孜（wù）声。《尔雅·释鸟》："舒凫，鹜。"郭璞注："鸭也。"鸭子善于游水，所以"鹜"字后来也引申为游水义，如吴趼人《痛史·蜀记》："领水兵十余人，鹜水直抵南岸。"

骛，音同鹜，形声字，从马，孜声。《说文解字》："骛，乱驰也。""骛"的本义是马乱跑，即纵横驰骋，故从马得义。如《聊斋志异·画马》："既就途，马骛驰，瞬息百里。"现代汉语"驰骛"一词中的"骛"，正延伸着这一本义的用法。或许是"驰骛"总是奔着一定的目标而去，"骛"又表示喜好、追求，而这个用法与"务"相同，所以又有骛新、骛逐、骛名、骛利、好高骛远、心无旁骛等。

在日常生活中，"好高骛远"常被错写成"好高鹜远"，这多半是望文生义，不知道这个成语的具体意义。好，义为喜欢，骛，义为追求，"好高骛远"比喻不切实际地追求过高过远的目标。典出《宋史·程灏传》："病学者厌卑近而骛高远，卒无成焉。"程老先生忧虑当时的读书人不喜欢研究切实的事物，而胡乱追求过高过远的目标，这样最终不会取得成功。所以秦牧在《画蛋·练功》里也说："但是好高骛远、贪抄捷径的心理，却常常妨碍人们去认识这最普通的道理。"

"骛"与"鹜"最易混的还有"鹜鹜"和"骛骛"。"骛骛"形容奔腾，如皮日休的《霍山赋》："岳之形，有云骛骛，其勃如怒。"山岳之形，似万马奔腾，云卷云舒，如喜怒无常。"鹜"是鸭子，鸭子不能高飞，所以"鹜鹜"形容人容易满足而没有过多的欲求。

链接：关于"落霞与孤鹜齐飞"

王勃的《滕王阁序》："落霞与孤鹜齐飞，秋水共长天一色。"这无疑已成为千古名句。但要咬文嚼字起来，其中似乎还是有可以商榷之处，毫无疑问，那就是"鹜"。

"鹜"，鸭子也，而且是飞不起来的家鸭，如何能与落霞齐飞呢？王力主编《古代汉语》做了这样的注解："这里当'凫'讲。"什么是"凫"？野鸭也。野鸭能飞，自然可以与"落霞"为伍。那么为什么又要变野鸭为家鸭呢？这与平仄律有关，"鹜"属于仄声，"凫"属于平声，而诗句中与"霞"相对的"孤"后那个字必须为仄声，于是野鸭家鸭就被年轻气盛的王勃换了一下。从历史上文学诗词创作的角度来说，这种变通是被允许的。当然，在今天的一般语言交际场合，再这么以"鹜"为"凫"，是不会被允许的。

象|像

[病例] 当相框和花相遇时，这样的句子出现了：相框好象一朵永不凋谢的花，照片是花蕊，它记下了我美好的生活……

【诊断】

"好象"应为"好像"。音同义近致误。

【辨析】

"象"与"像"，真是"长"得很像，以至于它们之间的混淆误用，竟成为某一年十大语文差错之首。在目前的汉语规范中，"象"与"像"的分工如下：

只能用"象"而不可用"像"者：①表示动物，如白象、象牙、象鼻山。②表示形状、样子，如景象、气象、印象、万象更新。③表示仿效、模仿，如象形、象声、象征。

只能用"像"而不可用"象"者：①用作名词，指比照某个对象形成的形象。其中又可分为两种情况：或是艺术创造，如画像、雕像、塑像、绣像；或是物理生成，如光线反射、折射形成的虚像、实像。两者具有一个共同的特点，即都是以对象的存在为前提的。②用作动词，指人或物之间具有相似点。它的动词特征是可以带宾语。如"金鱼像开在水中的鲜花""就像点燃的爆竹似的跳了起来"。也可以像形容词一样，用程度副词来修饰，如"非常像""十分像"。③用作副词，可以写作"像"，也可以写作"好像'，主要用来表示猜测。如"天像要下雨了"。④用作动词，有比如、如同的童思。这种用法主要用于举例，如"瓜子的种类很多，

170

像西瓜子、南瓜子、香瓜子等"。

显然，病例属于"像"所分工的第二种用法，所以只能写成"好像"。

链接："象"与"像"相互纠缠的历史

"象"字甲骨文作 ，分明就是长鼻大耳的大象的形象，其字义所指，也无二致。然而，"象"字似乎很快就不满足仅被用作这长鼻子动物称名，"状貌""图象""描摹"之类都是它在先秦文献中的常见用法。这种用法之所以会产生，韩非子曾经做过这样的解释：当时人们很少见到活的大象，只能得到死象的骨骸，进而依据其图形来想象活的大象的样子。所以形象、想象之类都可以称为"象"。韩非子的这个说法解释了"大象"和"形象""想象"这些似乎全然不同的词在人们观念中产生逻辑联系的历史原因。虽然历史上有人对此提出过质疑，但从现在我们对历史的了解来看，韩非子的这个解释大致还是可以信从的。

甲骨文中不仅有"象"字，而且还有些许"获象"的记载。根据考古发现，我们可以确知，殷商时代的中原地区，气候温暖，适合大象生存。而且大象和当时人类具有特别密切的关系，甲骨文"为"字最能说明这个问题。

甲骨文"为"字写作 ，描摹的是一只手抓着大象的长鼻子。"为"是古代汉语中一个最普通的动词，类似于现代汉语的"做"、英语的"do"。而这个可以泛指进行各种活动的"为"，在甲骨文中竟然是用手牵着象鼻让它帮人干活儿，即所谓"役象以助劳"的字形设计来表达的。这说明大象帮人干活儿，在造字当时曾经是寻常的事情。而到了近千年之后韩非子生活的战国时代，中原地区的大象虽然由于气候的变化而绝迹，但找到它们的遗骨当非难事，更由于这庞然大物曾经为人类的生存发展出过大力，人们难以遗忘它们的存在。由此来看，韩非子关于"大象"与"形象""想象"关系的说法并非毫无道理。

虽然在特定的文化背景的支持下，"大象"与"形象""想象"在人们观念中可以并存于一个"象"字，但这两种意义毕竟有着较大差异，出于语言交际明确无误的要求，在用字上加以区别还是有必要的。特别是当"象"所表示的"形象""图像"专指人的话，就会令人觉得很滑稽，而如果所指之人属于伟人之列（而伟人恰恰是最需要为之制作图像的），则不免会生出大不敬的感觉——伟人怎么成了大象！因此，在"象"上加注一个表义的"人"而造成"像"，让"象"只表读音，显然是很有必要的。

"像"字产生的这种必要，很快就在汉字系统的发展中得到了证实。在《楚辞》中，我们就可以看到"像"字，而这个"像"表达的正是"人像"的意义。（《楚辞·招魂》："天地四方，多贼奸些，像设君室，静闲安些。"朱熹集注："像，盖楚俗，人死则设其形貌于室而祠之也。"）当然，《楚辞》是传世文献，其中的"像"有可能是后世传抄时加进去的，然而这个"像"在出土的《楚帛书》中也确实存在：，故其真实性无可怀疑。

照理来说，"像"字一旦产生，它与"象"之间就可以有个合理的分工："象"字以"大象"为本，进而去表示各种由"大象"而引申的意义；"像"字以"人像"为本，进而表示种种与"人像"相关的意义。但由于历史上有效的文字规范往往是缺失的，这种理性的原则并未得到始终如一的遵守，以至于历史文献中"象""像"混用屡见不鲜。

由历史的回顾回到现实中来，我们很自然可以想到区分"象""像"的一种思路：既然两者在历史上已经有过理性的分工，现在我们只要恢复这种理性，就有助于我们区别两字的用法。

消｜销

[病例]本次大会所有与会人员可报消来回车费。

【诊断】

"报消"应为"报销"。音同形似致误。

【辨析】

消，音 xiāo，形声字，从水，肖声。"消"的本义是指水流尽，故从水。后引申为消失、除去，如消火、消灭。也引申为消减、衰退，如成语"此消彼长"。还可以引申为排遣、享受、值得、抵得上，如消遣、消受，柳永词："衣带渐宽终不悔，为伊消得人憔悴。"

销，音同消，形声字，从金，肖声。《说文解字》："销，铄金也。""铄"义为熔化金属，"铄金"也就是熔化金属的意思，如《汉纪信碑》"黄金可销，白石可磨"。后泛指熔化他物，如温庭筠《菩萨蛮》词："画罗金翡翠，香烛销成泪。"《官场现形记》："一天大事，竟如此瓦解冰销。""销"在现代汉语中，常指消费、耗费，如开销、花销，也指出售（货物），如销售、供销。

"消""销"都有"消失"之义，所以在古代汉语里，消、销可以通用。在现代汉语里，"消""销"二字在"消失、除去"义项也有可以通用的地方。如"取消""消歇"也作"取销""销歇"，但在使用习惯上，把"取消""消歇"作为首选词形。除此之外，二字不能通用。"消防""消融"因为跟水有关，自然必须用"消"。而"消灭""打消""撤消""取消""抵消"等虽未必限于跟水有关，但也得用"消"

而不用"销"。"销假""注销""一笔勾销"等则只能用"销"而不用"消"。另外，注意相关词语的具体意义内涵，也是有利于"消""销"的规范使用的。如"消声器"中的"消声"，义为"降低或消除气流噪音"。"销声匿迹"中的"销声"，义为"不再露面了"。"消除"和"销毁"，都有"使不存在"的意思。但"消除"用于除去不利的事物（如"消除隐患""消除误会"），"销毁"用于毁掉物资（如"销毁黄色读物""销毁化学武器"），所以"消"和"销"都不能互换。同理，"报销"表示上报注销，不能写作"报消"，否则望文生义也只能表示"上报消失"，就显得不知所云了。

链接：与"消""销"有关的成语集录

"冰消雾散"：比喻事物消失瓦解。

"涣若冰消"：犹言涣然冰释。

"潜消默化"：暗地消除。

"烟消火灭"：比喻事物消失，不留踪迹。

"烟消云散"：比喻事物消失。

"神灭形消"：指死亡。

"进退消长"：增减；变化。

"香消玉减"：形容女子消瘦憔悴。

"魄消魂散"：形容惊恐万状。

"鸿消鲤息"：谓断绝音信。亦指死。

"形销骨立"：形容身体瘦瘠。

"寒心销志"：形容担心忧虑。

"玉碎香销"：喻女子的死。

"东阳销瘦"：原谓沈约因操劳日渐消瘦，后以"东阳销瘦”为形容体瘦的典故。

"日销月铄"：一天天一月月地销熔、减损。

"积毁销骨"：谓众口不断毁谤，会致人于死地。

"众毁销骨"：谓众多的毁谤，可以销熔人的骨骼。比喻谗言多可以混淆是非。

"遁迹销声"：谓隐居不出。

"雨断云销"：比喻男女恩情断绝。

"销神流志"：消耗精神，丧失意志。

"销魂夺魄"：犹言失魂落魄。形容心态、神态失常。

"销声匿迹"：隐藏声音和踪迹，不公开露面。

"铸甲销戈"：销熔铁甲兵器。借指结束战争，实现和平。

"魂销目断"：谓情思凄苦。

"黯然销魂"：心神沮丧，失魂落魄。

宵 | 霄

[病例] 在连熬了几个通霄之后，我们终于按时完成了这批来料加工。

【诊断】

"通霄"应为"通宵"。音同形似致误。

【辨析】

宵，音 xiāo，形声字，从宀（miǎn），肖声。《说文解字》："宵，夜也。"古代有宵夜禁行的规定，晚上人们基本上都是在房内度过，所以"宵"字从宀，本义指夜晚。如宵夕（晚上）、宵行（夜间出行），李白《塞下曲》："晓战随金鼓，宵眠抱玉鞍。""宵夜"或者"夜宵"，意义相同，指夜里吃的酒食点心。

霄，音同宵，形声字，从雨，肖声。《说文解字》："霄，雨霰为宵。"《尔雅》："雨霰为霄雪。"郭璞注："水雪杂下者谓之消雪。""霄"的本义即下小雪粒。《广雅》："霄，近天气也。""霄"又有高空云气的意思，后引申为云，如云霄。也引申为天空，如重霄、九霄，《淮南子·原道训》："乘云陵霄。"

"宵""霄"除音同形似之外，意义上并无关联。"宵"从宀，意思是夜晚呆在家里；"霄"从雨，表示下小雪。如果能这样去联想，也不失为一种比较记忆方法。所以，"通宵达旦"要用"宵"，而"冲上重霄"要用"霄"。

链接：关于"宵夜"

"宵夜"，夜间小食。徐迟《三峡记·宜昌导游》："你请我吃早饭，我给你吃宵夜。"也作"消夜"，沈从文《边城》二十："翠翠泪眼婆娑的，赶忙又到灶边去烧火，为帮忙的人办消夜。吃了消夜，老道士歪到死人床上睡着了。"

"宵夜"与"消夜"意义相同，孰优孰劣？不同视角似乎可有不同结论。"消夜"，比较容易显示该词的词源。"消夜"本指消遣夜间时光。唐代方干《冬夜泊僧舍》诗："无酒能消夜，随僧早闭门。"元孟汉卿《魔合罗》第一折："他有那乞巧的泥媳妇、消夜的闷葫芦。"可见"宵夜"或"消夜"均是由表示"消遣夜间时光"的"消夜"演变而来的。但从另一个角度看，"宵夜"或"消夜"主要用作名词，表示夜间的吃食，因此，使用两个表示夜晚的同义词素"宵"和"夜"连缀似乎更加合理。当然，"宵夜"或"消夜"也有动词用法，表示吃夜宵。许地山《缀网劳蛛》："方才我也忘了留史夫人在这里消夜，我不觉得十分饥饿，不必端上来，你们可以自己方便去。"而且这种用法现在又有发展的势头，毫无疑问，这个用法的 xiāoyè，以写成"消夜"为妥。

基于以上讨论，我们或许能够理解，为什么在现在的异形词规范中，名词用法的 xiāoyè 以"宵夜"为推荐形式，动词用法的 xiāoyè 以"消夜"为推荐形式。

偕 | 携

[病例] 多亏了岳父的提偕，他才爬到了今天的领导岗位。

【诊断】

"提偕"应为"提携"。音同义近致误。

【辨析】

偕，音 xié，旧读 jiē，形声字，从人，皆声。《说文解字》："偕，俱也。""偕"就是共同、在一起的意思，如《诗经》"与子偕老"。后引申为比、并，如杜甫的诗："两章对秋月，一字偕华星。"《敦煌变文集·妙法莲花经讲经文》："国王闻语喜难偕。"

携，音 xié，形声字，繁体字写作"攜"，从手，雟声。《说文解字》："携，提也。""携"的本义就是提，即把东西从地上拎起来的意思，引申为牵、拉，如《诗经》："惠而好我，携手同行。""携手"就是牵手。《淮南子》："相携于道，奋首于路。"高诱注："携，引也。""携"就是引导的意思。后也引申为重用、提拔，如提携。

"偕""携"虽然都有在一起、共同的意义，不过在内涵上还是有明显的差异，"偕"强调在一起、共同的现实状况，相关的两方面是平等、同步的，如"与子偕老"，意思是说"和你一起到老"。而"携"则强调在一起、共同的成因，即牵、引的手段，相关的两方面有主次之分，所以"提携"是不能写作"提偕"的。此外，"偕""携"都可以表示随身带着的意思，如偕亲带友、携带钞票。"偕"的宾语通常是人——与其义符"人"相合，而"携"字后面多跟物品——与其义符"手"相合，使用时也要加以区分。

链接：关于"和偕"

"和谐"二字，已成为当代社会的主题词。什么是"和谐"？《汉语大词典》给出四个义项：1.和睦协调；2.指使和睦协调；3.谓配合得匀称、适当、协调；4.和解，和好相处。显然，这些用法，都涉及了人与人之间的共同相处。那么，"和谐"是否要写成"和偕"呢？显然，不少人是这样认为的，网上搜索"和偕"，居然有近 20000 个检索结果。如：

恶物业不除，难有和偕社会

建设和偕社会亟需 MOZART 音乐

山东平阴：举行工商共建和偕平阴消夏晚会

结婚一年性生活和偕但为什么没有怀孕

真情助困进万家 爱心奉献促和偕

建和偕社会需要一大批热心人

……

"和偕"真的可以取代"和谐"吗？当然不行。"偕"，只是强调人共同相处而已，并不涉及相处的状态是否良好；而"谐"，则强调人与人共同相处的协调状态，作为当代社会主题词，当然应该写成"和谐"。一旦用了"和偕"，可真是破坏了当代汉语文字的"和谐"。

泄│泻

[病例] 鉴于该股累计涨幅非常之大，后市一旦有个风吹草动，其股价很可能一泄千里。

【诊断】

"一泄千里"应为"一泻千里"。音同义近致误。

【辨析】

泄，音 xiè，形声字。"泄"字从水，本指水流出，如"泄洪"指使洪水排出，"水泄不通"谓连水也流不出来，形容十分拥挤或包围得非常严密。后来也泛指一般的泄漏，如泄密、泄露天机。也引申表示尽量发出的意义，如发泄、宣泄、泄恨。

泻，音同泄，形声字，从水，写声。"泻"的本义指水急速地流。如"一泻千里"，形容江河水势奔腾直下。如谢灵运的诗："铜陵映碧涧，石磴泻红泉。"也可以指人拉肚子，如腹泻、上吐下泻。

"泄"和"泻"虽然都有泄漏义，但却有缓急之别。"泄"是缓流，速度比较慢，中间可能有一个过程。如泄露、泄密，都只是强调泄漏的最终结果，而没有瞬间完成的意义。而"泻"指液体急速流动，有从高处倾倒下来的意义内涵。如"倾泻"指液体从高处倾倒或流泻下来，"倒泻"谓从上向下倾泻，"悬泻"指悬空泻下。"悬河泻水"，比喻说话滔滔不绝或文辞奔放。"泻"比"泄"要速度快、程度强烈得多。所以，形容江河奔流直下，流得又快又远，要用"泻"；比喻文笔或乐曲气势奔放，也用"泻"；形容价格的猛跌不止，还是用"泻"。至于人腹泻，也是从上而下的，所以也写作"腹泻"。

链接：读 yì 的"泄"

在古代，"泄"还可以读为 yì，用法与"泻"全然不同，主要是以下几种：

1. 古水名。沘水（今淠河）的分支。沘水流至今安徽省六安县西南分出泄水，北经芍陂西，再注入沘水。泄水故道的一部分即今汲河河道。

2. 通"抴"。拉；牵引。《庄子·人间世》："大枝折，小枝泄。"郭庆藩集释引俞樾曰："泄当读为'抴'。《荀子·非相篇》：'接人则用抴。'杨注：'抴，牵引也。'小枝抴，谓见牵引也。"

3. 泄泄，又有三种用法。其一，表示多言的样子。如《诗经·大雅·板》："天之方蹶（guì），无然泄泄。"其二，表示众多的样子。如《诗经·魏风·十亩之间》："十亩之外兮，桑者泄泄兮。"其三，表示和乐的样子。如《左传·隐公元年》："姜出而赋：'大隧之外，其乐也泄泄！'"

形|型

[病例] 欧盟就业和社会事务理事会正在研究和草拟，打算立例禁止以任何形式将男女定形，以及禁止刊播侮辱"人类尊严"与不道德的广告。

【诊断】

"定形"应为"定型"。音同形近致误。

【辨析】

形，音 xíng，形声字，亦写作"彤"，从彡（shān），井（jǐng）声。彡，表示画饰之义。所以，"形"的本义是指形象、形体。《孙子兵法》："兵无常势，水无常形。"《吕氏春秋》："人之老也，形益衰而智益盛。"也引申为表现、显露，如成语"喜形于色"，谓内心的喜悦流露在脸上。"形诸笔端"，指用文字加以表现。

型，音同形，形声字，从土，刑声。《说文解字》："型，铸器之法也。"所以"型"最初是指浇铸器物用的模子，由于其质地为泥土，故以土为义符。后引申为法式、楷模，如典型。张居正："型汉祖之规模，宪唐宗之律令。"也引申为类型、式样，如发型、脸型、血型、流线型。

"形"与"型"本义不同，但在如下场合还是有混用的可能，需要特别注意：

"定形"与"定型"。"定形"出现得比较早，义为使形状固定或指固定的形状，如潘尼《武库赋》："炼质于昆吾之灶，定形于薛烛之炉。"此外，也特指汉字史上文字形体结构的固定。而"定型"出现较晚，是个现代词，指事物的特点逐渐形成并固定下来，如闻一多《文学的历史动向》："《三百篇》的时代，确乎是一个伟大的时代，我们的文化大体上是从这一刚刚开端的时期就定型了。文化定型了，文学也定型了。"

"原型"与"原形"。"原型"指原来类型或模型，特指叙事性文学作品中塑造人物形象所依据的现实生活中的人；"原形"，指原来的形象，本来的面目。

"体型"与"体形"。"体型"，指人体的类型，主要指各部分之间的比例；"体形"，人或动物的身体形状。

链接："型"的新用

"型"的以下用法（摘自网络），显然超越了传统：

有型单品打造盛夏型男

其实，男人的时尚实在简单——不必遵循法则，不用搭配妆容，不用多余点缀，只需要几件有型单品，再加有型的你。

有型店

本店介绍：扎扎跳休闲有型店，体验自由购物的乐趣。

不难发现，此"型"的意义内涵不外乎"时尚""典雅"之类，或许是来自"型"的"法式""楷模"意义吧。

凶｜汹

[病例] 倭酋骄纵，根本不把明军放在眼里，他们兵分三路，在三个倭酋率领下，气势凶凶地冲上来。

【诊断】

"气势凶凶"应为"气势汹汹"。音同形似致误。

【辨析】

凶，音 xiōng。字形中的"凵（kǎn）"是"坎"的初文，而"乂"则表示有什么东西掉进坎阱之中，故"凶"有不吉利的意思，如凶兆、凶宅，成语则有"吉凶祸福"。收成不好，在古人眼中就是上天不保佑，也就是不吉利，所以又表示"饥荒"，如凶年、岁凶。后引申为凶恶、残暴之义，如凶残、凶暴、凶神恶煞。再引申表示杀人或伤人的行为，如凶手、凶器。

"凶"还是"兇"的简化字，不过它们本来是不同的两个字。《说文解字》："兇，扰恐也。从人在凶下。"所谓"扰恐"，就是因恐惧而喧扰。在简化字产生前，"凶"的凶恶、残暴义，和杀人或伤人的行为的意义一般是由"兇"来表示的。

汹，音同凶，形声字，古代也写作"洶"，从水，匈声。《说文解字》："洶，涌也。""汹"的本义是水波翻腾的样子，故以水为义符，常见的词有汹涌澎湃、波涛汹涌。水波翻腾，其势必然很大，所以"汹"也有声势壮盛的意思，如《清稗类钞·风俗类》："五道庙三岔路口，有黑衣快靴之群恶少，汹汹自北来。"

"凶""汹"都可以表示一种状态，而它们的混淆主要在这一场合容易发生。两者的区别在于："凶"字可以单用，而"汹"字多组成联绵词或叠词才可以使用，所以现代汉语中没有"凶凶"的用法，而"汹"也只有和"汹""涌"等字组合时才能够形容声势浩大。而且在成语"气势汹汹"中，要表达的是怒气汹汹、气势凌人的状态，"凶"字没有这种气势，所以"气势汹汹"不可能写作"气势凶凶"。

链接：带"凶"字的成语

趋吉避凶：避，指避开；趋，奔赴。指避开祸害而趋向吉利。

吉凶未卜：吉凶，指吉利与不吉利，引申为祸福、成败；卜，指占卜，引申为预测。无法预测是福是祸、是成是败。

逢凶化吉：逢，指遭遇；凶，指不幸；吉，指吉利、吉祥。遇到凶险转化为吉祥、顺利。这是带有迷信的说法。

逞凶肆虐：逞，指施展；肆，指放肆；虐，指残暴。放纵地行凶作恶，任意地进行残害。

穷凶极恶：穷，指极端。形容极端残暴凶恶。

凶相毕露：毕，指尽、全。凶恶的面目完全暴露了出来。指原来伪装和善，遇事就露出了本相。

凶终隙末：隙，指嫌隙、仇恨。谓彼此友谊不能始终保持，朋友最终变成仇人。

凶多吉少：凶，指不幸；吉，指吉利。指估计事态的发展趋势不妙，凶害多，吉利少。

凶神恶煞：原指凶恶的神。后用来形容非常凶恶的人。

凶年饥岁：凶年，即年成很坏。指荒年。

兵凶战危：指战事凶险可怕。

乱世凶年：时世动乱，年成极坏。

真凶实犯：真正的罪犯。

戌 | 戊

[病例] 2006年丙戊年，本命星为"财神禄存"星君，守护菩萨是"阿弥陀"。

【诊断】

"丙戊"应为"丙戌"。形似致误。

【辨析】

"戌"是个象形字，古文字写作ㄐ。它的用法比较简单，只是用于记时，具体有两个义项：一是表示"地支的第十一位"，"丙戌年"的"戌"就是这个用法。二是表示传统十二时辰之一的"戌时"，即现在的十九点到二十一点。

"守边，防守"是"戍"字的最初意义，为表达这个意义，"戍"字采用了"人""戈"会意的字形设计。古文字"戍"写作戈，描摹的正是人扛着兵器戈在履行戍守职责的形象。"戍"的这个本义一直沿用至今，如"卫戍""戍守""戍边"等。

"戌"之所以会与"戍"混淆，自然也是因为它们"长"得太像：一个短横与一个小点，不经意间很可能被忽略其间的差异。但从以上介绍的它们的造字意图上来分析，还是很容易把"戌"与"戍"区分清楚的。

"戌"字象斧形，"戌"中的一短横，延续了古文字"戌"对斧头宽刃特征的勾勒。相对"戌"来说，古文字的"戍"演变到了楷书，发生了更大的变化：其中的"人"字中本来表示手臂的一撇与"戈"字横画的左端相接，而表示人的身体的曲线则遭到缩略而变成一点。虽然发生了这样的变化，但是从这一撇一点的组合中，还是隐约可以窥见其原本侧视人形模样。

屮→戍

戎→戌

综上，我们可以发现，"戍"中一点和"戌"中的那一短横，非常巧妙地提示着两字的本质差异。由此着眼，不难认清"戍""戌"真面目。

链接：关于"戌"的造字意图

作为一个时间概念，"戌"字为什么会象斧形？不知下面的解说能否令你满意。

干支，即"天干"（甲、乙、丙、丁、戊、己、庚、辛、壬、癸）与"地支"（子、丑、寅、卯、辰、巳、午、未、申、酉、戌、亥）的组合，是中国传统的记时符号体系。早在殷商时代的甲骨文中，几乎每条卜辞都少不了记时的干支字。这个记数体系，虽然来源于先民对植物生长有序过程的感悟（有"干支"本作"幹枝"为证），但一旦频繁用于记时，便成为一种典型的抽象概念，于是在为之造字的过程中，就难免遇到麻烦。

古人造字的原则是所谓"远取诸物，近取诸身"，即通过描摹实际物象来形成字形。但是，抽象的干支记时概念，无论是远的物还是近的身，都很难与之匹配，于是大部分干支字只好用"假借"的办法来解决问题，即借用一个同音的字来作为代表。而"戌"的读音，似乎正好和上古时代的一种宽刃斧钺类兵器名称相同，于是我们看到的"戌"的古文字字形就是这样一种宽刃之斧：屮。

需｜须

[病例] 某餐饮管理有限公司以上海最大的农产品批发市场为依托成立了公司配送中心，可为客户提供蔬菜、调料、粮油等厨房必须品配送服务。

【诊断】

"必须品"应为"必需品"。音同致误。

【辨析】

需，音 xū，《说文解字》："需，䇓也。遇雨不进，止䇓也。从雨，而声。"显然，《说文解字》把"需"解说成形声字。金文"需"作🔣、🔣，显然"雨"下面的不是"而"，而是"天"。所以"需"本是个以"雨""天"会意的会意字，表示天下大雨，人不能前进，所以要等待的意思。或许是因为等待总意味着有所期待，所以"需"后来引申出需要的意义，如需求、急需、不时之需。又进一步引申表示需要的东西，如"军需"。

须，音同需，象形字，古文字写作🔣、🔣、🔣，描摹人的头面部长满胡须。《说文解字》："面毛也。"可知"须"的本义就是人的胡须，"须"的这一本义，后来用"鬚"来表示。（"鬚"后来再简化为"须"。）此外，动植物或其他物体上像须的东西，也叫"须"，这当然是本义的一种引申，如触须、花须。"须"也可以表示一定要的意思，如必须、务须、无须等。在这个意义上，"须"和"需"意思相近。

"必需"和"必须"都是副词，区别在于，前者的意

188

思是"一定要有的""不可缺少的"，多修饰名词，如："每天晚上，散散步，对我而言是必需的活动。""空气和水是人类赖以生存的必需品。"而后者的意思是"一定要"，多修饰动词，如："你必须去。""我必须在今天把作业做完。"所以，在修饰物品时，只能是"必需品"，而不能写成"必须品"。

链接：从"胡须"到"必须"

"必须"之"须"，金文字形描摹人的头面部长满胡须。显然，这个构形，是为"须"字本义——胡须而设计的。但"胡须"怎么会产生"必须"之义呢？这是因为，在古人的心目中，胡须对于一个男子来说，必不可少。

在中国传统戏曲中，凡重要的男角必有长须；古代绘画作品中的男子也总少不了一部美髯，这当然是古人尚须最直观的遗迹，但这种遗迹形诸汉字则更加多姿多彩。"须"字又有"等待"之义，这个意义的"须"后来写作"鬚"。"须"之所以会有"等待"之义，显然与古人蓄须习尚相联系：一部美髯的养成，需要长期等待的耐心。而"耐"字则从另一面显示了胡须的重要性。"耐"中之"而"，金文作，乃胡须的形象描摹，"耐"中之"寸"则表"法度"的意思，以"而""寸"会意的"耐"，本指一种剃去胡须的刑罚，《说文解字》释："罪不至髡也。"髡是剃去头发的惩罚，剃去胡须的刑罚要比剃去头发稍轻。仅仅剃去胡须，便可作为一种刑罚，自然是因为胡须在古代乃是一般男人的仪容所必备的。

与剃须为罚罪手段相应，古代则以"童"为奴隶之名。《说文解字》："童，男有辜（罪）曰奴，奴曰童，女曰妾。"为什么称男奴为"童"？古人以有罪者充作奴隶，有罪者不免要承受刑罚，而最普遍的刑罚，便是剃去须发，须发既去，也就成了"童"。"童"字义项颇多，但"光秃"之义则为其共同内涵："山无草木""牛羊无角"皆谓之"童"，小儿无须少发亦谓之"童"，秃顶更难逃"童"字之称。足见男奴称"童"，亦因其无须缺发而使然。

压｜轧

[病例]明朝末年，政治腐败，思想分歧，党派倾压，民心涣散，流寇横行。

【诊断】

"倾压"应为"倾轧"。音近义似致误。

【辨析】

压，音 yā，形声字，繁体字写作"壓"，从土，厭（厌）声。《说文解字》："压，坏也，一曰塞补。"据此可知"压"的本义是指崩坏或者堵塞，但它后来的基本意义是表示对物体从上往下加力，如加压、挤压、泰山压顶。由此基本意义又引申为用威力制服，如镇压、弹压等。还可以引申开去表示制止，如压火、压咳；表示逼近，如大兵压境。

轧，形声字，从车，乙声。这是个多音字，基本音是 yà，《说文解字》："轧，辗也。"所谓"辗"，就是用车轮或圆轴压路的意思。这一本义，至今仍在使用，如轧马路。又引申为一般的滚压，如轧花。后又引申为排挤，如倾轧。"轧"又读为 zhá，特指压制钢坯，如轧钢。也可读为 gá，仅见于方言，表示拥挤，如轧闹猛；也表示结交，如轧朋友；又表示查对、核算，如轧账。

"压"和"轧"，都有挤压的意思，有的时候可以通用，如"压马路"也可以写成"轧马路"。在使用时，两者的主要区别在于："压"表示单纯地从上面给一个力，往下压的意思——这与"压"的义符"土"相对应；"轧"则是指车轮或圆轴之类滚压——这与"轧"的义符"车"相联系。"倾轧"这个词，常用来形容人与人之间的勾心斗角，相互排挤，因为发端于"轧"字车轮碾压的意义，所以不能写成"倾压"。

此外，"轧"多用于特指，约定俗成的词语比较多，如轧钢、轧轨、轧棉机、轧土机，与机器、车床有关的多用"轧"；而"压"构词能力强，除了一些科学术语，如压力、压强、水压、气压外，还可以形容一些抽象的事物，如压制、压抑。在使用时，只要多注意一下它们的义符就可以区分了。

链接："压马路"与"轧马路"

"今天难得的闲暇，于是我便听着mp3，拿着西安地图，独自一人去轧马路。"

"昨天晚上自己压马路到11点多，路上没什么人也没什么车，偶尔一辆汽车急驰而过，随即消失在黑暗之中。"

从以上两段文字，我们可以判断出"压马路"或"轧马路"的意思就是逛大街。同一个词而有两个词形，似乎有规范一下的必要。有的词典，比如《现代汉语词典》（第7版）就认为是"轧马路"。那么，究竟应该是"压马路"还是"轧马路"呢？回答这个问题，需要追溯词源。

"压马路"或"轧马路"，最早是谈恋爱的代名词。20世纪70年代以前，由于住房比较紧张，热恋中的青年男女"人约黄昏后"，往往到屋外马路上边溜达边倾吐心曲。而那些已经从这一时期走过来的已婚夫妇戏称他们在"压马路"。意思说他们来回走，不断走，慢慢地将马路压实了。

就此来看，"压马路"或"轧马路"这个词，字面意思本来应该是单纯地用脚底板对地面自上而下地施加压力，而没有滚动施压的意思。我认为还是应该推荐"压马路"这个词形。你同意吗？

义｜意

[病例]"社会"是一个含意丰富的词，它可以与"自然"相对，也可以与"个人"相对，还可以与"国家"相对。

【诊断】

"含意"应为"含义"。音近义似致误。

【辨析】

义，音yì，形声字，繁体字写作"義"，从羊，我声。"羊"作为表义偏旁可以表示善、美的意思，所以"义"本来表示威仪的意思。如《说文解字》："义，己之威仪也。"后来引申为合宜的道德、行为或道理，如正义、义不容辞、多行不义必自毙。这一意义作为"义"的基本意义，又引申出诸多相关意义：有益公众的，如义卖、义演；拜认的亲属关系，如义父、义兄；人工制造的（人体部分），如义肢、义齿。

意，音yì，会意字，从心，从音。在先秦出土文献里，"意"是用"音"字来表达的，可以说"音"是"意"的初文，即前身。《说文解字》："意，志也，从心察言而知意也。""意"的本义就是指心意、意图，即心里所想的，如意见、称心如意等。引申为料想，如意外、出人意料等。也引申为意思、意义，如字意、词意。

"义"与"意"都有多种含义和用法，与语言表达有关，都可以表示意思、意义。区别在于："义"强调客观存在的事物的结构机理，而"意"是主观对"义"的认识或理解。如"意在言外"，"意"指深刻的意思或真意；"望文生义"，"义"

偏重词句的确切含义。"诗意"，指诗内包含的内容和意境；而"诗义"则指诗的具体含义。同理，"含意"是指诗文、说话的深层意思或言外之意，范围宽广；而"含义"则指词句所包含的意义，意义狭窄，在这个意义上，也可以写作"涵义"。

链接："義"为什么从"羊"得义

"羊"作为表义偏旁可以表示善、美的意思，证据很多：如"善""美"二字本身就是从"羊"得义。古书中"羔羊"一词，喻指卿大夫品德高洁。而活生生的羔羊又为朝廷官府征聘高士的礼物。《后汉书·陈纪传》记载，陈纪与其父陈寔、其弟陈谌皆声名卓著，常被官府同时征聘，所以家中每每羔羊成群。显然，羔羊在古代还有象征高尚德操的意义。羊之所以具有此种象征意义，古人作了种种解释，除了它具有所谓"贽（执）之不鸣，杀之不号，乳必跪而受之"之类为"治人者"所欢迎的品质外，还因为它有极为重要的一种习性——"群而不党"（见《诗经·羔羊》疏）。

"群"以"君"表音，以"羊"表义。"羊"能够成为"群"字的唯一表义符号，正表明了古代造字者对羊的合群性的高度认同。曾在报端读到一篇题为《羊的悲壮》的纪实文章，作者描述了这样一个震撼人心的场面：沙漠里的一群羊在正要横穿铁路时被一列缓缓行驶的火车阻断。强健的头羊奋力一跃，从两节货车车厢之间跳了过去，其余的羊便不顾惊慌失措的牧羊人的竭力阻止，不自量力地纷纷效仿。结果可想而知，大部分羊葬身车轮之下，鲜血染红了一大片沙漠……显然，它们的死，是其与生俱来的合群天性使然。而对于羊的这种天性，古人不但有深刻的认识，而且给予极大认同，这也进一步奠定了"羊"在汉字表义字符系统中"美善"代表的地位。

奕 | 弈

[病例] 看你神采弈弈的样子，一定是病好了吧？

【诊断】

"神采弈弈"应为"神采奕奕"。音同形似致误。

【辨析】

奕，音 yì，形声字，从大，亦声。《说文解字》："奕，大也。从大，亦声。《诗》曰：'奕奕梁山。'"可知奕的本义是大。或许是因为高大有美的内涵，所以"奕"又有美的意思，《方言》："自关而西，凡美容谓之奕。"至今陕西的一些地方仍然把"美"叫作"奕"。"奕"在组词"奕奕"（光明的样子，亮光闪动的样子）时有光明的意思，这多半是因为眼睛大了会显得很亮，同时也能给别人一种美的感觉。

弈，音同奕，形声字，从廾（gǒng），亦声。"弈"的本义是指围棋，故从廾，廾是"𠬞"的隶定写法，象两只手相对之形。《论语·阳货》："不有博弈者乎？"欧阳修《醉翁亭记》："射者中，弈者胜。"又如弈局（棋局）、弈具（指棋盘，棋子）、弈思（下棋的思路）、弈谱（棋谱）。

"奕"与"弈"虽音同形似，但在意义上却并无相关，所以两者还是很容易区分的。和"奕"搭配的词多与美、好有关，而与"弈"搭配的词仅与围棋相关。所以"神采奕奕"是形容人精神饱满、脸色红润的样子，如果写成"弈弈"，把脸弄得跟棋盘似的那就太丑了。

链接：说“廾”

“廾”是一个重要的汉字偏旁，在手写中它经常被混同于“大”，这显然也是“奕”“弈”混用的一个重要原因。因此仔细端详一下“廾”似乎还是必要的。

“廾”的小篆字形作，描摹一左一右两只向上举起的手，所以从“廾”得义的字都有两手持物的意义内涵，比如：

奉：小篆字形作。《说文解字》：“承也。从手从廾，丰声。”

弄：小篆字形作。《说文解字》：“玩也。从廾持玉。”

戒，小篆字形作。《说文解字》：“警也。从廾持戈，以戒不虞。”

兵，小篆字形作。《说文解字》：“械也。从廾持斤，并力之皃。”皃即“貌”。

赢｜盈

[病例] 萨达姆的死，是罪有应得，是恶贯满赢，美军入侵只是加速了萨的灭亡。

【诊断】

"恶贯满赢"应为"恶贯满盈"。音同义似致误。

【辨析】

赢，音 yíng，形声字，从贝，赢声。《说文解字》："赢，有余、贾利也。"所以，"赢"的基本意思是指能够从商业活动中获得利益，故以贝为义符，表示赚钱，如赢财、赢取。也可用于比赛活动，表示获胜的意思，如输赢、赢球等等。此外，"赢"还可引申过度、超过等义，如《新唐书·杜如晦传》："所荐赢四十人，后皆知名。"

盈，音同赢，会意字，从皿，从夃（gǔ）。皿是盛器，夃表示得益，《说文解字》解释说："盈，满器也。""盈"后来的基本意思是充满，与"虚"相对，如宾客盈门、热泪盈眶。再引申为多余，如盈利、盈余。"恶贯满盈"这个成语，表示的是作恶极多，"盈"和"满"是同义连缀，所以只能用"盈"。如果写作"恶贯满赢"，则"赢"的获胜意义与成语意义并无关系，所以完全是误用。

在现代汉语中，"盈""赢"都可以和"利""余"组合，而在"盈利"和"赢利"、"盈余"和"赢余"这两组异形词中，前者均为推荐形式。

链接："蠃"与"夃"

　　"蠃"的偏旁"蠃"和"盈"的偏旁"夃"显然是两个相当生僻的字，需要进一步了解一下它们的身世。

　　蠃的古文字写作 𧓲，是一种虫的形象，有学者认为即"蠃"字，也就是蜗牛。蠃作偏旁多用为声符，如：

　　羸，音 léi，形声字，从羊、蠃声。表示瘦弱的意思。如《史记·扁鹊传》："形羸不能服药。"

　　嬴，音 yíng，形声字，从女、蠃声。古代有嬴国，也有嬴姓。比如秦国国君便以嬴为姓。

　　裸，音 luǒ，形声字，从果、蠃声。"裸"字异体，表示袒露的意思。《宋书·后妃传》："上尝宫内大集，而裸妇人观之，以为欢笑。"

　　骡，音 luó，形声字，从马，蠃声。"骡"字异体。

　　"夃"可以单独成字。《说文解字》："夃，秦以市买多得为夃。从㇇从夊，益至也。""㇇"是"及"的古文，"夊"是倒"止"，表示行动。"㇇""夊"会意，表示（钱财）源源不断地到来，也就是"益至"。

　　作为偏旁，"夃"是个稀客，在今日常用字中，除了"盈"字以外，尚未见到它充当过其他文字的构字成分。

陨｜殒

[病例] 也许，这颗星星不会殒落，只是有时遥远得你看不到而已。

【诊断】

"殒落"应为"陨落"。音同形似致误。

【辨析】

陨，音 yǔn，形声字，从阜 (fù)，员声。"阝"是简化的偏旁，在左为"阜"，组成的字与"高、下"义有关，如坠、降。在右为"邑"，组成的字与城邑有关，如都、郭。依《尔雅》的解释，"陨，坠也。"《玉篇》亦云："陨，落也，堕也。"所以，"陨"的本义就是从高处掉下、坠落的意思。

殒，音同陨，形声字，从歹（隶楷写作"歺"），员声。歺 (è)，是《说文解字》的一个部首，表示剔肉残余的骨头，而以"歺"为义符的字常与"死亡"义有关，故而《声类》说："殒，没也。""没"通"殁"，所以"殒"的本义就是指死亡，如殒亡、殒逝。《后汉书·隗嚣传》："妻子颠殒。"

古代"陨""殒"相通，"殒命""陨涕"也可写作"陨命""殒涕"。不过，在现代汉语的规范里，两字分工已很明确："陨"表示坠落，"殒"专指死亡。所以病例中言及星星的坠落，只能用"陨"而不能用"殒"。

链接：陨石——霣石

陨石，有时也写作"霣石"，如《公羊传·僖公十六年》："霣石于宋五。是月，六鹢退飞过宋都。"同一个音、同一种义,却有两个不同的字形,到底孰是孰非呢?

其实,两种写法都是对的。"陨""霣"都是形声字:一个以阜为义符,强调的是降落;而另一个以雨为义符,强调的是自天而降。《周易》上说"有陨自天",反映的也正是古人对这种天文现象的观察和认识。而且两者都以"员"为声符,读音相同,故可通用。不过,在科技发达的今天,我们已经明白了陨石的降落,根本与下雨无关,所以"霣石"不再使用,而"陨石"成为最常用的推荐词形。

燥 | 躁

[病例] 心急吃不了热豆腐，看你心浮气燥的样子，就不能安静地休息一会儿吗？

【诊断】

"心浮气燥"应为"心浮气躁"。音同形似致误。

【辨析】

燥，音 zào，形声字，从火，喿（zào）声。《说文解字》："燥，干也。""燥"的本义是指干枯，如枯燥。《周易》："火就燥。"干燥的东西容易起火，而靠近火的地方也很容易干枯，所以"燥"字从火得义。后引申为干热、燥烈，如燥热。

躁，音同燥，形声字，从足，喿声。《说文解字》："躁，疾也。""躁"有行动快的意思，所以从足。心情急躁，往往可以由足部动作显示出来，俗话说"急得跳脚"，所以"躁"后引申为性急、不冷静，如急躁、浮躁。《韩非子·喻老》："重为轻根，静为躁君。"又引申为浮躁、不专一，如躁易（浮躁，轻佻）、躁戾（浮躁、暴戾）。《荀子·劝学》："用心躁也。"

"躁""燥"古代相通，但现在已各司其职。"躁"不表示干燥，"燥"也不表示性急，所以"心浮气躁"的"躁"不能写作"燥"，而表示急躁的意思。

链接：与"躁"和"燥"相关的成语

仔细品味以下成语，一定可以帮助你正确分辨"躁"

和"燥"。

"少安毋躁"：稍稍安静，不要急躁。

"戒骄戒躁"：警惕产生骄傲和急躁的情绪。

"矜平躁释"：谓心平气和，有涵养。

"凤狂龙躁"：形容心情烦躁，精神失常。

"唇干舌燥"：形容口渴、焦灼或说话过多。

"推燥居湿"：把干燥处让给幼儿，自己睡在幼儿便溺后的湿处。极言抚育幼儿的辛劳。

"炙冰使燥"：用火烤冰，想把它烤干。比喻白费气力。

"生发未燥"：胎发未干。因以指孩童之时。

咋 | 咂

[病例] 周老实直咋嘴道："唉，这阴阳脸的高利贷可怎么还呢？"

【诊断】

"咋嘴"应为"咂嘴"。音似致误。

【辨析】

咋，形声字，从口，乍声。"咋"字一读为zé，义为声音大。后引申为咬、啃，如《聊斋志异·甄后》："女出窥，立未定，犬断索咋女。"咋舌，形容因吃惊、害怕而说不出话来的样子。还可读为zhā，如咋唬，也写作"咋呼"，大喊大嚷的意思。至于"咋"读为zǎ，只用于方言，表示怎么、怎样的意思，比如咋么、咋样。

咂，音zā，形声字，从口，匝声。"咂"的本义是吮、吸，如咂指头、咂嘴。也引申为品辨、体会，如《水浒传》第二十九回："武松提起来，咂一咂叫道：'这酒不好。'"
"咂"还可以表示用舌尖抵住上颚发出吸气声。

"咋"表示咬、啃，"咂"表示吮、吸，细分起来，并无可通之处。而且两字多有专门的用法，不可乱用。如"咂嘴"是指用舌尖抵住上颚发出吸气声，表示称赞、羡慕、惊讶的意思。而"咋"没有这种用法，所以病例中的"咋嘴"只能改作"咂嘴"。

链接：关于"咋舌"

"咋舌"即把自己的舌头咬住，或忍住不言，形容吃惊、害怕，说不出话。《后汉书·马援传》："言君臣邪？固当谏争。语朋友邪？应有切磋。岂有知其无成，而但萎腇（něi，萎腇：软弱）咋舌，叉手从族乎？"若翻译成白话文就是说：君臣之间应当据理力谏，朋友之间应当切磋交流，哪能主观以为对方不可改变，自己就感到无可奈何以至于两手叉在一起一耷拉，心想"随他去"而不管了呢？

东汉的马援就是这样一个不愿意"咋舌"人，遇到该说的话，从不畏缩。他在陇西，发现币制混乱，使用不便，就上书给朝廷，提出应该像过去一样铸造五铢钱。朝廷把他的建议提交三公审议。三公奏明皇帝，说马援的建议不可行，这事就搁置起来了。但是马援认为币制关系重大，始终挂记此事。后来，他从陇西调回朝廷，马上就去找回了自己的奏章。见奏章上批有十几条非难意见，便依据情理加以驳正解释，重新写成表章上奏。光武帝见他言之有理，便采纳了他的意见，天下因此得益很多。

粘|黏

[病例]在公交车上，驾驶员座位旁边有一个控制区，上面黏贴着改线后的上行、下行线路明细表。

【诊断】

"黏贴"应为"粘贴"。异体字使用不规范。

【辨析】

黏，音 nián，形声字，从黍，占声。《说文解字》："黏，相箸也。从黍，占声。"所谓"相箸"，即两物相着，也就是黏附、粘连的意思。在现代汉语的使用中，"黏"常用为形容词，表示有黏度的、带黏性的，即能使一个物体粘贴在另一个物体上的性质，如黏性、黏稠。

粘，音 zhān，形声字，从米，占声。在现代汉语中，"粘"通常只是个动词，常见的词组有粘贴、粘连等。

《说文解字》中没有"粘"字，"粘"在历史上具有和"黏"同样的音义，这时的"粘"可以看成是"黏"的异体字。"粘"读为 nián 的用法，现在只保存在一些古代的人名里，如 12 世纪金国大将完颜宗翰，本名粘没喝，汉语讹为粘罕。明代有个粘鹏，"粘"也读作 nián。

正是由于"粘"与"黏"历史上曾经有过音义相同的经历，导致了它们在当今的语言实践中也容易混用。因此，区分的方法是要明确现代汉语的规范："黏"，读 nián，用作形容词；"粘"，只读为 zhān，用作动词。

链接：什么是异体字？

异体字有广义和狭义之分。狭义的异体字是指形体不同而音义完全相同的字，如"暑"和"略"、"猿"和"猨"等。而广义的异体字除包括狭义的异体字之外，还包括一些在文献中经常使用的通假字和古今字，如"修"和"脩"、"席"和"蓆"。1955年文化部和文改委联合发布的《第一批异体字整理表》收录的就是广义的异体字。

异体字很早就有，而且数量很大，东汉许慎的《说文解字》就收了1163个，到了《康熙字典》的时候更是增加到22000多个。1955年12月公布的《第一批异体字整理表》中，废除的就有1055个。读者不禁要问，那么多的异体字都是怎么产生的呢？

简单地说，异体字的产生主要有三条途径。其一，由汉字隶变不同而形成的异体字，这一类最多，常见的如"射"与"躲"、"春"与"旾"、"叙"与"敍"、"晋"与"晉"。其二，由俗体字而演变成的异体字，这一类的字通常和人们的写字习惯有关，如"耻"和"恥"、"吴"和"吳"。此外，还有一些由古体字和来历不明的古字演变而成的异体字，如"无"与"無"、"以"与"目"，这一类的字并不多见。知道了这些知识，相信读者对我们国家文字的读写又会多一些了解吧。

战 | 颤

[病例] 在恐惧和绝望中瑟缩:《颤栗汪洋》(网易影片介绍标题)

【诊断】

"颤栗"应为"战栗"。音近义近致误。

【辨析】

战,音 zhàn,形声字,繁体字写作"戰",从戈,单声。"战"的本义为战斗、战争,如南征北战、百战不殆。也泛指争胜负、比高下,如舌战、笔战。另外,"战"还可以表示发抖,如战栗、寒战、心惊胆战等。

颤,两读,一音 chàn,形声字,从页,亶声。从页的字,大多和头颈有关,"颤"字也不例外。《说文解字》:"颤,头不正也。"这是"颤"的本义,指头摇摆不定。后也指身体颤动,如《淮南子·说山训》:"故寒颤,惧者亦颤,此同名而异实。"也泛指物体振动,如史达祖的词:"栖莺未觉花梢颤,踏损残红几片。"此外,"颤"还可以读为 zhàn,表示人在发抖的意思,与"战"相通。

"颤"字到底什么时候读 zhàn,什么时候读 chàn,的确很难把握。所以在现代汉语文字使用中规定:在表示物体振动时,多读 chàn,写作"颤",如颤动、颤抖、颤音、颤悠;而表示人的发抖时,读 zhàn,皆写作"战",如战栗、寒战、胆战心惊、打冷战。

链接："战"的造字理据

A　　　　B

以上是金文"战"字的两个字型。A 型从戈单声，与后世"战"字无异。而 B 型则是左兽右戈，似乎是另外一种结构。因而引起古文字专家们的讨论。

商承祚先生认为："古者以田狩习战陈……战从兽者，示战争如猎兽也。"（《十二家吉金图录》）意思是，古人以打猎来演习战阵，所以"战"字可以以兽和戈会意。

李孝定先生则有不同意见："战金文从'嘼'，实乃单之变体。单者盾也。"（《金文诂林读后记》卷十二）意思就是说，B 型"战"字中的"兽"，其实只是"单"字的变异写法，因而它还是"单"字原来表示的盾牌的意思。

平心而论，两种意见，都有各自的道理，孰是孰非，尚待进一步研究。但值得注意的是，即使"战"中的"兽"只是"单"字的变异写法的观点，也强调了"单"的盾牌意义，盾与戈相组合来表示战斗、战争，当然也是会意字了。因此，把"战"的结构解释为从戈从单，单亦声，恐怕是更加合适的。

无论如何，"战"的造字意图经过这么一争论，似乎也变得更加令人记忆深刻了。于是我们可以顺势说到另外一层意思：操起戈盾上战场，大抵会令胆量寻常者浑身筛糠，所以用"战"来表示人发抖，还是非常合乎情理的。当然，由于证明材料还不充分，我们尚不敢确定这是"战"字意义引申的真实理据，但这个想法对我们正确分辨"战"与"颤"还是挺有用的。

帐│账

[病例]"电子个人帐房"是一项专为个人对个人交易所设计的在线付款机制。

【诊断】

"帐房"应为"账房"。词语使用不规范致误。

【辨析】

帐,音 zhàng,形声字,从巾,长声。《释名》:"帐,张也,张施于床上也。"苏轼诗:"雾帐银床初破睡,牙签玉局坐弹棋。"帐,就是床帐的意思。后来引申为帷幕,如帐幕、营帐、帐篷。

账,音同帐,亦形声,从贝,长声。从贝,也就是和钱财有关。所以,"账"的本义是账目,即关于钱财出入的记载,如记账、查账、流水账。引申为账簿,如一本账。又引申为债务,如放账、欠账、死不认账。

古代只有"帐"字,"账"字相对后出。五代末薛居正撰写《五代史》时用到"账"字,但后来仍大多用"帐"。清代人毕沅在编《经典文字辨证书》的时候以"帐"为正体,"账"为俗体。1962年版《新华字典》即把"账"字合并入"帐",1997年修订时又分开。

按照现代汉语的规范,"帐"与"账"的分工非常明确:牵涉到织物的,只用前者;牵涉到钱财的,只用后者。因此,"帐房"是有帐幕、帘子的房子,而"账房"则是管理钱财收支的机构。病例中的"帐房",显然指的是后者,所以只能是"账房"的误写。

链接：历史上"帐"的另一面

"帐"曾经有"账"的用法。如：

《正字通·巾部》："帐，今俗会计事物之数曰帐。"

《镜花缘》第七十八回："无可奈何，只得忍痛还了菜帐。"

《老残游记》第十九回："吴二浪子说：'再赌一场，一统算帐。'"

——以上"帐"义为"账目"。

《老残游记》第十九回："我家里有的是钱，从来没有赖过人的帐。"

《金瓶梅词话》第二十四回："俺这后边只是预备爹娘房里用的茶，不管你外边的帐。"

——以上"帐"义为债务、债权。

从理据上看，"帐"的这种用法也并非没有依据："帐"的义符"巾"，本来就有钱财之类意义，如货币之"币"，即从巾、敝声，而其文化背景，则是古人曾以织物充当一般等价物。

但是，在现代汉字规范的视野里，这一切已经成了历史，就别让它再来干扰我们的语言交际生活了。

振 | 震

[病例] 广州目前已有七个单位被政府批准自建经济适用房，消息传出，广州房地产业界大为振动。

【诊断】

"振动"应为"震动"。音同义近致误。

【辨析】

振，音 zhèn，形声字，从手，辰声。《说文解字》："振，举救也。从手，辰声。一曰奋也。"可知"振"的本义是救济，但是这个意义后来由"赈"字来承担，"振"就专表"振动"的意思，如振幅、共振等。也常表示挥动、抖动的意思，如弹冠振衣、振长策而御宇内。再引申表示奋起，如振奋、振兴。

震，音同振，形声字，从雨，辰声。《说文解字》说："震，劈历，振物者。""劈历"，即霹雳，是雷的别名，古代也叫霆。"震"源于雨，雨即雷雨。所以"震"字有震动、颤动之义，如火车震动了一下、春雷震动着山谷等。用在人身上，"震"字则有惊恐、害怕的意思，如震惊、震怖。

可见，"振"和"震"都有动的意思，所以"zhèndòng"写作"振动"和"震动"都不错。但是从具体的使用场合来说，两个词却又有所不同。"振动"表示事物本身振荡，是物理学上的术语，指物体按直线或曲线，经过其平衡位置作往复运动，不能用于人；而"震动"则表示物体受外力作用而自身颤动，还可以用于人，或表示人心受惊而动。以《史记》为例，用"振动"则说秦始皇"武威旁畅，振动四极，禽灭六王"；用"震动"则说乐毅"为燕破齐，报先王之仇，天下莫不震动"。所以，"振动"偏重于主动，而"震动"偏重于被动。因此，病例中应为"震动"，而非"振动"。

链接：关于"震"卦

在中国的传统文化中，"震"还是《周易》八卦之一，卦形为☳。又为六十四卦之一，卦形为䷲，震下震上。震卦代表雷，两震表示巨雷连击，震惊百里之象，所以卦名曰震。

古人认为，雷这种东西，是产生于地下的，冬蛰春醒。冬天不打雷，所以汉乐府把"冬雷阵阵，夏雨雪"作为男女盟誓的歌词，而每当春雷来临时，万物复苏，草木萌动，所以二十四节气又以惊蛰为春耕的标志。有鉴于此，"地震"一词的由来，便不足为奇，古人看到山川动荡，自然会联想到这是地雷在作怪。

州 | 洲

[病例] 随着这件连衣裙的出现，神洲大地上掀起了一股模仿的热潮，引领了当时的时尚潮流。

【诊断】

"神洲"应为"神州"。音同形似致误。神州，指中国。

【辨析】

州，音 zhōu，象形字，甲骨文字形作州，两边的曲折线代表河流，中间圆圈代表水中的陆地。"水中可居曰州"，小篆字形作州，造字理据不变，依然表示水中的陆地。秦简中"州"字的写法为州，跟现在的就已经很像了。"州"的本义与其古文字字形相应，表示"水中陆地"。引申开去则表示古代的一级行政区划，即"州县"之"州"。这一用法也部分延伸到现代汉语中，"州"可指称民族自治的行政区划，介乎区、县之间，比如甘肃的甘南藏族自治州、新疆的伊犁哈萨克自治州。

洲，形声字，音同州，从水，州声。"洲"是"州"的后起分化字。《诗·关雎》"关关雎鸠，在河之洲"，《说文解字》引用这句时，把"洲"字写作"州"。《字汇》里说，"洲本作州，后人加水以别州县之字"。这些材料说明，"洲"字是为了分担"州"的本义而产生的一个字，所以它的本义也是表示水中的陆地。海洋中的大陆也是一种"水中的陆地"的样式，所以"洲"后来也表示"亚洲""欧洲"之"洲"。

"神州"之"州"，来源于"州"的州县意义。《史记》：

"赤县神州内自有九州，禹之序九州是也，不得为州数。中国外如赤县神州者九，乃所谓九州也。"所以不能写成"神洲"。另外，"神州"也可以用来指代仙人居处。如嵇康的诗："朝发太华，夕宿神州。"

虽然民国改州为县，已取消了州的建制，但是现代地名中以州为名者仍不在少数，如苏州、杭州、柳州等等。而全国叫"某洲"的地名也不在少数，如广东的潆洲、横洲、夹洲岛。如果不细加区分，还是很容易写错的。

其实知道了上面州、洲的来历，就容易区分它们了。"州"是古代地方行政区域名。现在称州的是古代行政区划名的遗存。"洲"是水中陆地，所以全国叫"某洲"的地名，或自为岛屿，如香港的南果洲、湖南的橘子洲，或曾经是水中陆地，如湖北的新洲、江西的鲤鱼洲。可见，"洲"与"州"都代表地理实体，都指称一定的地理区域。通常"州"代表人文地理区域，"洲"则代表自然地理区域。

链接：行政区划之"州"的来历

相传"州"这一行政区划为大禹所创。大禹治水以后，把中国划分为九州：冀州、豫州、雍州、荆州、扬州、兖州、徐州、青州、梁州。因此，"九州"便成为"中国"的代名词。其后，"州"这种区划称名便被历代沿用。就此看来，"州"乃是最为古老的行政区划名称了。《左传·成公十三年》记：晋侯派吕相去历数秦国罪过并与之绝交，言辞中有"白狄及君同州"之语，这里的"州"即指大禹所划分的雍州，"州"在《左传》中又为国名、地名，当与其行政区划的称名也有某种联系。由此可见大禹创九州的传说并非是毫无根据的。

"州"为大禹治水后所创，已在一定程度上显示出行政区划的"州"的得名原由。"州"字甲骨文为水中有陆地的形象描摹。而"州"字本义，正与这一构形相吻合，表示"水中陆地"。由此人们很容易生出这样的疑惑：用"州"表示"国"的直属行政区划，用"九州"表示全中国，是否意味着上古时代中国人的生存天地就是一些水中岛屿？实际上，有人正是这样认为的。当然这种说法要让人确信不疑，还有待拿出更多的证据。但我们至少可以相信，"州"的行政区划得名，与上古时代人们傍水而居习尚有极大关系。

《左传·僖公四年》记齐桓公以诸侯之师伐楚，楚国使者前往责难道："君处北海，寡人处南海，唯是风马牛不相及也。不虞君之涉吾地也，何故？"把齐国和楚国的居处地说成北海和南海，当然并非真的说齐、楚居于海上，而是言其临水而居，将齐侵楚说成"涉吾地"也是同样的意思。楚使的这段话虽有夸张调侃的成分，但在相当程度上还是有事实依据的。

上古时代中原地区气候温暖，草木繁茂，是早已被证明了的事实。气候温暖则降雨丰富，草木繁茂则可保持水土。所以上古时代人们生存于一个多水的环境是一个不争的事实。传说中的上古水患，与这种历史事实有着密不可分的联系。另外，考古发现证明，新石器时代文化遗址毫无例外都在江河湖泊两岸五百米以内，这种接近水源的居处地选择，在上古时代当然是具有充分必然性的。世界原始文明遗址每每以某某"流域"命名，也是同样道理。人们既然栖息于接近水域的有限地域，把自己的栖息地称为"州"也就十分自然了。

缀 | 辍

[病例]你年龄还这么小就缀学在家实在太可惜了。

【诊断】

"缀学"应为"辍学"。形似致误。

【辨析】

缀,音 zhuì,《说文解字》:"缀,合箸也。从叕,从糸。"可见"缀"是个会意字,以叕、糸会合表示本义。"叕"小篆写作𠭇,是个象形字,描摹一些线条连接纠缠在一起,表示连缀的意思;"糸"则代表织物。所以"缀"的本义是指缝补、缝合的意思。为了审美的需要,许多并未破旧的织物上也缝补连缀,装饰上一些别致的图案,于是"缀"也就有了装饰、点缀的意思。如曹植《七启》:"饰以文犀,雕以翠绿,缀以骊龙之珠,错以荆山之玉。"此外,在著作中,表示组织文字以成篇章,也用织物的连缀作为比喻,叫作"缀",如缀集(连缀聚集)、缀法(旧时教导学生作文、造句的方法)。韩愈诗:"夜书细字缀语言,两目眵昏头雪白。"

辍,音 chuò,形声字,从车,叕(zhuó)声。《说文解字》:"辍,车小缺复合者。"意思是说车队行列间断又连接起来,这是"辍"字的本义。由此引申表示中途停止或废止。常见的构词有:辍斤(停止挥斧。比喻没有伙伴,就不再施展技艺)、辍笔(停止写作)、辍朝(暂停朝见)、辍学、辍演、辍食吐哺。《史记·陈涉世家》:"陈涉少时,尝与人佣耕,辍耕之垄上，怅恨久之。""辍耕之陇上"就是停止耕作，在田中高地休息的意思，以此显示陈涉与其他人的不同。

很显然，"缀""辍"除了字形相似外，并无相通之处。"辍学"指中途停止上学，写成"缀学"就莫名其妙了。同理，"笔耕不辍"也不能写作"笔耕不缀"，否则意思就恰恰相反了。

链接："辍食吐哺"的出典

辍食吐哺，指中途停止用饭，吐出口中含的食物。《史记·鲁周公世家》："周公戒伯禽曰：'我文王之子、武王之弟、成王之叔父，我于天下亦不贱矣。然我一沐三捉发，一饭三吐哺，起以待士，犹恐失天下之贤人。子之鲁，慎无以国骄人。'"

周公姬旦是文王之子、武王之弟，因功劳勋著受封于鲁，为了辅佐成王，将封地鲁交给儿子伯禽管理。伯禽临行前，周公谆谆善诱告诫其子，要善待贤才，勿恃国傲人。正是周公的这种努力，使士子们大为感动，纷纷依附效力，稳固了周初政局。而周公捉发吐哺，亦成为后世统治阶级向往的楷模，如曹操就曾在其《短歌行》里说："山不在高，水不厌深，周公吐哺，天下归心。"表达了自己匡扶天子、志安社稷的决心。

第|第

[病例]他们以"博客"为载体，大谈自己的个人生活：从床第之私到柴米油盐，从文学电影到咖啡音乐。

【诊断】

"床第"应为"床第"。形近致误。

【辨析】

第，音 zǐ，形声字，从竹，帀（zǐ）声。《说文解字》："第，床箦也。""第"的本义是指竹编的床席，故以竹为义符。床第，就是床铺的意思。床铺通常是放在屋里的，古今亦然，所以"床第"又引申为闺房内或夫妇之间的私话、私事。

第，音 dì，形声字，从竹，弟省声。《广雅》："第，次也。""第"最基本的意思就是次序、次第。如《吕氏春秋》："乱必有第。"有次序，自然也就有等级，所以"第"也可以表示等级的意思，如汉代时就曾根据才能将儒生分为上、中、下三第。此外，"第"还可以指高官的住宅，如府第、宅第，这多半是因为古代喜欢以竹子作为建筑材料的缘故。

"第""第"一笔之差，读音迥然，把"床第"写成"床第"，大概是以为"第"字有竹字头，肯定和竹席、竹床有关的缘故吧。其实"床第"一词是有来历的。据《国语》记载，晋国的国君献公有一次外出打猎，看到了翟国的不祥景象，回宫后彻夜难眠。第二天，大臣郤豹朝见，见献公气色不好，就问道："床第不安邪？抑骊姬不存侧邪？"意思是说，没有睡好，是因为床铺不舒服呢，还是因为骊姬（献公宠姬）不在身边呢？"床笫"，实际就是床，常用以指枕席之间，转指男女私情，于是才有了成语"床笫之私"。至于"床第"的用法从来就没有过，而且"第"指府第、宅第，在床上盖房子，那是很匪夷所思的事情。

链接："及第"的由来

前文讲过，"第"有等级的意思，所以"及第"便是指在古代的科举考试中通过考试并得到了功名。如戴善夫《风光好》："学士怎肯似那等穷酸恶醋，得一个及第成名，却又早负德辜恩。""及第"，对于一个读书人来说，意义是非常大的，有的少年得志还好些，有的大器晚成也就罢了，更多的终其一生，老死考场，着实令人可惜。此外，在古代的科举考试中，还有"三元及第"的说法。所谓"三元"，是指同一个考生乡试考第一，称解元，会试也考第一，称会元，而殿试又考第一，称殿元，也就是状元，此称连中三元。

在科场中，好手如云，竞争激烈，能够榜上有名，已属不易，而连中三元，更是凤毛麟角，难中之难。从唐到清，历史上获此殊荣的只有17人。此外，历史上还出过两位"武三元"。其一是明朝万历年间，浙江人王名世连中武科三元，官授锦衣卫千户。他博通经史，工诗善书，时人称其武艺、诗词、书法为"三绝"。其二是清朝顺治年间，也是浙江人王玉璧，连中武科三元。此人在明末曾参加武秀才考试，射箭第一，号称"神射手"，故人们赞其为"武四元"。他虽是武士出身，但手不释卷，文笔斐然，也有文武全才之誉。

纂 | 篡

[病例] 在这本书的编纂过程中，由于用人得力，省了不少时间。

【诊断】

"编篡"应为"编纂"。形似致误。

【辨析】

纂，音 zuǎn，形声字，从糸，算声。"纂"的本义是赤色的丝带，因为丝带是古代捆绑、装订书籍的重要材料，所以"纂"有汇集、收集的意思。韩愈《毛颖传》："自结绳之代以及秦事，无不纂录。"《楚辞·天问》"纂就前绪，遂成考功。"引申为编撰、编辑，如纂述（编撰述作）、纂次（编撰编排）、纂刻（编集刊印）、纂集（编撰汇集）。

篡，音 cuàn，形声字，从厶（音 sī，即"公私"之"私"的古字），算声。《说文解字》："屰而夺取曰篡。""屰"即"逆"，可知"篡"的本义是指非法地夺取，如篡取（夺取）。后多指篡位，如篡夺、篡逆、篡杀（弑君而夺其位）、篡臣。也指以私意歪曲事实，如篡改（用作假的手段改动或曲解经典、理论、政策等）。

"纂""篡"除字形相似之外，意义上并无关联。"纂"从糸，表示用丝装订；"篡"从厶（私），表示私心很重。这样一辨析，不就很容易区分开了吗？

链接：说"编纂"

编，是古代用以穿竹简的皮条或绳子，古代用竹片或木片记事著书，成编的叫"策"，也称"册"。在纸发明以前，缀简成册是古代最具代表性的书籍形制。它可以根据文章的长短，任意确定简数，一简书字一行，最后用上下两道绳编串起来，卷捆后保存。编，有韦编和丝编两种，韦是熟牛皮，丝是生丝。"编""册"指代书籍的习惯，现在仍在使用。

　　由于简是卷装捆扎保存的，所以古人又用卷轴代表书籍，如成语"开卷有益""手不释卷"。后来的帛书也依然保留了这种卷装的传统。简除以竹制成外，也有用木者称木简，统称"简"。与竹简并行的还有木牍，制成长方形木片，用于书写短文，俗称"牍"。

　　此外，在简牍出现不久，还出现了另外一种新的书籍形式——帛书，它将文字书写于缣帛等丝织品上，然后缝边后成卷存放。由于材料昂贵，多为统治者书写公文或绘画用，一般书籍使用较少。

　　可见，无论是简还是帛，在其编纂、装帧过程中，丝都是不可或缺的组成材料。了解了这一点，对于区别"纂""篡"也是很有帮助的吧。

作｜做

[病例] 外交部敦促：停止两面派的作法。

【诊断】

"作法"应为"做法"。音同义近致误。

【辨析】

作，音 zuò，《说文解字》："作，起也。从人，从乍。""作"的本义就是兴起的意思。如《易·乾》："云从龙，风从虎，圣人作而万物睹。"。《易·系辞》："神农氏末，黄帝、尧、舜作。"成语如一鼓作气、兴风作浪、雷声大作。引申表示发作，如令人作呕。又表示当作，如认贼作父。还表示装作，如装聋作哑、装腔作势。"作"又表示著述，如作诗、作画、作家。由此引申，则可表示作品，如原作、杰作等。"作"也有进行某种活动等意思，如《后汉书》"禁民夜作"、成语"作奸犯科"。

做，音同作，是个后起字。本义是指从事某种工作或活动，如做工、做生意、做实验。此外，同"作"一样，"做"也有担当、充任的意思，如做东、做主。又可引申表示举办、举行，如做寿、做生日。还可以表示结成某种关系，如做朋友、做亲家。

在现代汉语中，"作"与"做"也都有进行某种活动的意思，但两者的分工很明确：制作具体的东西、进行具体的活动、口语色彩强的一般用"做"，如做菜、做家具、做老师、好吃懒做；抽象一点的、书面色彩重的一般用"作"，如胡作非为、作恶多端、自作自受等。

"做法"通常指办事情或处理问题的方法，而"作法"则特指写文章的方法或用为动词，指道士施行法术，如《聊斋志异》："初，道士作法时，乡人亦杂众中，引领注目，竟忘其业。"病例中的"zuò 法"指办事情或处理问题的方法，所以应该用"做法"，而不用"作法"。

链接："做客"与"作客"

在媒体上，经常看到有人将"作客"和"做客"二词用混，如：

①到了凌晨，作客方总要归去，吴明依依不舍地把他送到十字路口。

②他大学毕业后去了海外，后来一直做客加拿大，将近二十年了，我和他没见过一面。

其实，①句中的"作客"应为"做客"，②句中的"做客"应为"作客"。那么，"作客"和"做客"有什么区别呢？

根据《现代汉语词典》里的解释："作客"是指寄居在别处，如"作客他乡"；"做客"指访问别人，自己当客人，如"到亲戚家做客"。前者偏重"作"，指寄居；后者偏重"客"，指作为客人。"作客"中的"客"指寄居或迁居外地，如客居、客籍。

"作客"指寄居在别处，是常用的书面语，如杜甫的《登高》："万里悲秋常作客，百年多病独登台。""常作客"指的是诗人漂泊无定的生涯，久客最易悲秋，不由得想到自己长年沦落他乡、年老多病的处境，因此生出无限悲秋之绪。这种心情是与"做客"的喜悦心情迥然不同的。

此外，有的文章误"做客"为"坐客"，就更让人莫名其妙、不解其意了。如："晚上她大学时的一位好友要来家中坐客，所以她早早地便回了家。"成语"坐客无毡"，意思是说客人来了，连一条可供垫坐的毡子也没有，形容生活清贫。如杜甫的"才名四十年，坐客寒无毡"，苏轼的"痛饮又能诗，坐客无毡醉不知"。可见"坐客"与"做客"根本是风马牛不相及的。

座|坐

[病例] 重阳节这一天，咸丰县地税局在五楼会议室召开了退休老干部坐谈会。该局党组成员与18名退休老干部欢聚一堂，共庆重阳佳节。

【诊断】

"坐谈"应为"座谈"。音同形似致误。

【辨析】

坐，音 zuò，是个会意字，《说文解字》："坐，止也。"古人铺席于地，两膝着席，臀部压在脚跟上，叫作"坐"。后表示以臀部着物以支持身体的重量，如坐禅、坐骑、席地而坐等。引申为位置所在，如坐北朝南、坐落。又引申为物体向后施加压力，如后坐力。

座，音同坐，形声字，从广（yǎn），坐声。本义为坐的位子，如高朋满座、座无虚席。引申为托着器物的东西，如灯座、钟座。又引申为量词，主要用于形态上似乎是坐着的物体，如一座铁塔、两座高山。

"坐"现在只用作动词，表示一个具体的动作；"座"则用为名词和量词。两者界限很明确。所以"坐落"不能写成"座落"，"座次"也不能写作"坐次"。

"座谈""座谈会"是现代常用词，通常被认为是一种不拘形式的讨论，与会者可以自由发言、进行交流。其实这种观点有个误导的成分在里面，因为但凡开会，则必定有一定的章程、内容和形式，需要遵循一定的模式，而且有些政府级、专家级的讨论会相当隆重讲究，不可能做到真正的

"不拘形式"。座谈会的特点是不专设发言席，在原座位发言，也就是即席发言，所以"座谈"可理解为在原座位上谈。

至于坐谈，意义却大不相同。坐谈是古汉语常用词，仅在"四库"所收各书中就多达592次使用和引述。如《资治通鉴》卷九十七，桓温曾经乘雪欲猎，路上遇见刘惔。刘惔见其装束甚严，便对桓温曰："老贼欲持此何为？"桓温笑答曰："我不为此，卿安得坐谈乎？"《后汉书》："不亟乘时与之分工，而坐谈武王之说，是效隗嚣欲为西伯也。""坐谈"的意思就是空谈。弄清了"坐谈"的来历之后，相信大家就再也不会把"座谈"和"坐谈"混用了吧。

链接："坐"字考

《说文解字》："坐，止也。从土，从留省。土，所止也。此与留同意。"《说文解字》的这个解释是依据小篆"坐"字构形作出的，而小篆本是个讹变字形。秦简"坐"字写作，这应该是小篆的来源和依据。中"土"的上边似乎是个"卯"，而这个"卯"其实是两个人形的讹变。"坐"字的陶文写作，"土"的左右是两个人。楚简文字的"坐"写作，"土"的上边是个跪着的人（即"卪"字），很显然，"坐"字的构形，描摹的形象，即我们今天说成是跪的姿态。近年来的研究发现，甲骨文中也有"坐"字：。这个字形描摹的是，人跪在一张铺开的草席上。可见就姿态而言，古书里所说的"坐"，相当于今天的跪。

图书在版编目（CIP）数据

字辨百题 / 刘志基 , 鹏宇著 . -- 上海：上海文化
出版社 , 2018.8（2024.7 重印）
（咬文嚼字文库 . 慧眼书系）
ISBN 978-7-5535-1271-6

Ⅰ . ①字… Ⅱ . ①刘… ②鹏… Ⅲ . ①汉字－错别字
－辨别 Ⅳ . ① H124.1

中国版本图书馆 CIP 数据核字 (2018) 第 139989 号

字辨百题

刘志基　鹏宇 著

责任编辑：蒋逸征
装帧设计：王怡君

出　版：上海文化出版社　上海咬文嚼字文化传播有限公司
地　址：上海市闵行区号景路 159 弄 A 座 2—3 楼
邮　编：201101
发　行：上海市闵行区号景路 159 弄 A 座 206 室
印　刷：上海景条印刷有限公司
规　格：889×1194　1/32
印　张：7.125
版　次：2018 年 8 月第 1 版　2024 年 7 月第 6 次印刷
书　号：ISBN 978-7-5535-1271-6/H.017
定　价：29.00 元

告读者：如发现本书有印刷质量问题请与印刷厂质量科联系
电　话：021-59815621